Jonathan McRay

Ich sah den Schmerz in deinen Augen

10 Versöhnungsgeschichten
aus Israel und Palästina

BRUNNEN
Verlag Giessen · Basel

Die englischsprachige Originalausgabe erschien unter dem Titel
„You Have Heard It Said – Events of Reconciliation"
bei Wipf & Stock, Eugene/Oregon.
Copyright © 2011 by Jonathan McRay
This edition licensed by special permission of
Wipf and Stock Publishers.
www.wipfandstock.com

Deutsch von Brigitte Hahn

© der deutschen Ausgabe
Brunnen Verlag Gießen 2012
www.brunnen-verlag.de
Umschlagfoto: Shutterstock
Umschlaggestaltung: Ralf Simon
Satz: DTP Brunnen
Druck: CPI – Ebner & Spiegel, Ulm
ISBN 978-3-7655-4152-0

Inhalt

Vorwort von Salim J. Munayer

Versöhnung ist keine Theorie, kein Programm. Im Nahen Osten schon gar nicht. Versöhnung ist ein Weg, den man nur gehen kann, eine Reise voller Höhen und Tiefen. Wir haben von Gott den Auftrag, uns auf diese Reise zu begeben, aber leider folgt nicht jeder dieser Aufforderung. Doch es gibt viele mutige Menschen, die sich tatsächlich entschließen, den schwierigen Auftrag zur Versöhnung zu erfüllen. In diesen Berichten lesen Sie die Geschichten solcher Menschen.

Schon seit Jahren wurde der Wunsch geäußert, dass die Versöhnungsarbeit „Musalaha" in Israel/Palästina die Erlebnisse dieser mutigen Menschen dokumentiert, die Geschichten von Männern, Frauen und Jugendlichen, die auf den Ruf Gottes zur Gemeinschaft geantwortet haben. Aber wir zögerten bisher, dieser Bitte zu entsprechen.

Wir wussten, wie schwer es für diese Menschen sein würde, ihre Geschichten zu erzählen, weil sie sich in gewisser Weise verwundbar machen, wenn sie ihr Inneres vor den Lesern ausbreiten. Gerade in diesem Fall, bei der Auseinandersetzung mit einem so umstrittenen, zwiespältigen Thema wie der Versöhnung zwischen Juden und Palästinensern, können die persönlichen Erfahrungen beängstigend sein. Deshalb geht es uns vor allem darum, die Teilnehmer an unseren Veranstaltungen und diejenigen, die unsere Organisation unterstützen, zu schützen. Wir haben uns dennoch zu einer Veröffentlichung entschlossen, weil persönliche Berichte unseren Teilnehmern und Freunden Mut machen und als Beispiel dienen können für diejenigen, die daran interessiert sind, sich an den Versöhnungsprojekten zu beteiligen.

Mit diesem Buch verfolgen wir ein zweifaches Ziel. Erstens wollten wir es den Teilnehmern an diesem Projekt ermöglichen, offen und ehrlich über den Prozess der Versöhnung zu sprechen und mit ihren eigenen Worten zu schildern, wie sie dabei Heilung und Veränderung erlebt haben. Außerdem wollten wir auch auf die mit diesem Prozess verbundenen Herausforderungen und Schwierigkeiten aufmerksam machen. Wir sind nicht daran interessiert, unseren Lesern sentimentale „Wohlfühl-Geschichten" über die wunderbaren Beziehungen zwischen messianischen Juden und palästinensischen Christen zu präsentieren. Die persönlichen Berichte wurden natürlich redaktionell überarbeitet, aber in einer Weise, dass die Stimme der Erzählenden noch immer zu hören ist. In den Geschichten und den geäußerten Gedanken tauchen Meinungsunterschiede, Herausforderungen und Widersprüche auf. Sie werden offen ausgesprochen und sind für alle erkennbar. Für diesen Balanceakt brauchten wir einen Autor mit dem nötigen Hintergrundwissen über den vorherrschenden Konflikt und alle damit verbundenen Schwierigkeiten, mit einer großen Empfindsamkeit angesichts des von beiden Seiten erlebten Schmerzes und Leids und einer Bereitschaft, schwierige Fragen zu stellen sowie in Liebe die Wahrheit zu sagen.

Jonathan McRay bringt alle diese Voraussetzungen mit. Als er zu einem Praktikum bei Musalaha in unser Büro kam, brachte er neben einem starken Schreibtalent eine ansteckende Begeisterung für unsere Arbeit mit. Er war jung, idealistisch und voller Energie. Die brauchte er auch, als er während seines fünfmonatigen Aufenthaltes quer durch Israel und Palästina fuhr.

Jonathan führte etwa vierzig Gespräche mit Teilnehmern und nahm selbst an Veranstaltungen von Musalaha teil. Damit verschaffte er sich einen tiefen Einblick in die Ziele unserer Organisation, in die Herausforderungen und die Probleme, mit denen wir uns auseinandersetzen. Er hatte mit den gleichen Problemen zu kämpfen, aber er ging mit großer Offenheit an die Menschen heran. Deshalb konnte er seinen Gesprächspartnern auf Augenhöhe begegnen. Diese Haltung spiegelt sich in seinen Berichten und auch in seinem Leben wider. Leider wurden nicht alle Gespräche zu Geschichten verarbeitet. Auch sind nicht alle Geschichten in diesem Buch enthalten. Jede Geschichte ist einzigartig und von Bedeutung und deshalb sollte sie auch erzählt werden. Aber dafür wäre ein viel dickeres Buch erforderlich.

Dieser Band bietet bloß einen kleinen Ausschnitt. Trotzdem stehen die darin enthaltenen Geschichten und auch die Beiträge am Schluss stellvertretend für die heilende Wirkung der Versöhnung, aber auch die Schwierigkeiten auf dem langen Weg zu diesem Ziel.

Versöhnung ist keine leichte Aufgabe. Jonathan betont jedoch die menschlichen Züge in jeder Geschichte und vermittelt uns auf diese Weise einen kleinen Hoffnungsschimmer für die Zukunft. Mit seinem guten Blick für Details und seinen anschaulichen Schilderungen zeigt er, dass wir im Grunde genommen alle gleich sind. Wir haben dieselben Hoffnungen und Träume, dieselben Ängste und Sorgen und denselben Gott.

Für mich war es ein besonderes Vorrecht, einen Teil dieses Weges gemeinsam mit Jonathan zu gehen. Ich bin ihm sehr dankbar für Arbeit, Zeit und Mühe, die er in die Verwirklichung unseres gemeinsamen Traumes investiert hat. Sara Fischer, Ambreen Tour Ben-Shmuel und

Joshua Korn danke ich für die redaktionelle Überarbeitung der Berichte. Ohne ihre Hilfe wäre dieses Projekt nicht zustande gekommen. Ich hoffe, dass die in diesem Buch erzählten Geschichten die Leserinnen und Leser auf die gleiche Weise inspirieren, herausfordern und motivieren wie mich.

Salim J. Munayer, Jerusalem
Direktor von Musalaha

Einleitung

Ihr habt gehört, dass … gesagt ist … Ich aber sage euch …" Diese Worte sind so lebensbedrohlich und gleichzeitig Leben spendend wie sonst keine. Sie entreißen mir meine Sicherheit, rauben mir meine Bequemlichkeiten, nehmen mir meine vorgefassten Meinungen. Sie fordern mich auf, den Blick nicht höher zu richten, sondern tiefer, auf das Herz hin – auf mein eigenes, auf das Herz anderer Menschen, auf den Kern der Wirklichkeit. Sie sagen mir, dass Störung ein Akt der Liebe sein kann. Jesus stört unsere eingefahrenen Kreise, weil er uns von einem radikalen Gott erzählt, radikal in der geläufigeren Bedeutung von „revolutionär", aber auch im ursprünglichen Sinn des lateinischen Begriffs „zur Wurzel". Mit seinen Worten fordert er mich auf, noch einmal hinzuschauen. Wenn wir jedoch keinen Respekt im Sinne des lateinischen Wortes für „noch einmal hinschauen" haben, fehlt uns der Blick für das Wesentliche.

Ich kam nach Israel, um ein halbes Jahr lang ehrenamtlich bei Musalaha mitzuarbeiten. Meine Arbeit dort dauerte von September 2009 bis Ende Februar 2010. Von September bis Dezember führte ich etwa dreißig Gespräche mit Israelis und Palästinensern, die alle eine Verbindung zu Musalaha hatten. Ich fuhr von Jerusalem nach Haifa, von Bethlehem nach Nazareth, um mich mit meinen Gesprächspartnern zu treffen – in Cafés, Büros oder bei ihnen zu Hause. Zu Beginn stellte ich ein paar Fragen, um dem Interview einen gewissen Rahmen zu geben, aber dann ließ ich das Gespräch einfach fließen.

In den darauf folgenden Monaten machte ich aus dem Gerüst meiner Notizen lebendige Geschichten über Begegnungen mit dem „anderen" und über erlebte Versöhnung. Bei diesem Projekt konnte ich kein vollständiges biografisches Bild der einzelnen Menschen gewinnen. Schließlich führte ich mit jedem meiner Gesprächspartner nur ein einziges Interview. Aus diesem Grund stellen mich nicht alle Geschichten voll und ganz zufrieden, aber so etwas lässt sich für einen Autor nicht vermeiden. Gespräche in Cafés und zu Hause, fern von den Ereignissen und ohne Einblick in das tägliche Leben der Erzähler, bieten nur eine begrenzte Palette für solche Schilderungen. Das Buch sollte jedoch kein Versuch sein, die Geschichte des Konflikts zwischen Israelis und Palästinensern nachzuzeichnen. Mit diesem Thema haben sich kompetentere Autoren intensiv befasst. Die von mir gesammelten Geschichten sollen vielmehr kleine Einblicke in den Veränderungsprozess von Einzelpersonen geben.

Manche der Berichte sind kurz, andere wieder länger. Manche von ihnen werden von zwei Personen erzählt, weil sie von konkreten Begegnungen geprägt waren. In jeder Geschichte hat die jeweilige Hauptperson auch das letzte Wort. Natürlich stimme ich nicht jeder Auffassung meiner Gesprächspartner zu. Aber dieses Buch soll nicht dazu dienen, jede verwirrende Ansicht zu widerlegen. Die erzählten Geschichten sind vielmehr ein Versuch, ins Gespräch zu kommen, damit unsere eigenen Gedanken und Meinungen von abweichenden Gedanken und Meinungen infrage gestellt werden. Zumindest sollten wir dazu bewegt werden, genauer hinzusehen.

Auch deshalb habe ich Widersprüche stehen gelassen. Aus diesem Grund wirken die Schlussworte in einigen Geschichten etwas abrupt, denn die Spannungen lösen sich nur zum Teil auf. Schließlich ist Veränderung ein langer Weg.

Nicht jeder Hinweis auf historische oder aktuelle Geschehnisse entspricht den tatsächlichen Fakten. Meine Gesprächspartner nahmen ihre Erinnerung zuhilfe, ohne sich auf nachprüfbare Quellen zu berufen. Wie wir alle beziehen auch sie sich auf bestimmte Geschichten unseres Lebens („Rahmenhandlung"), die unserem Denken, Fühlen und Handeln eine gewisse Legitimität verleihen. Wir brauchen solche Geschichten. Obwohl wir sie uns nicht aussuchen können, haben wir die Freiheit zu entscheiden, welche dieser Geschichten oder Rahmenhandlungen wir ausleben wollen. Wir brauchen jedoch auch eine neue Rahmenhandlung, die von Gerechtigkeit, Versöhnung und Frieden spricht. Der erste Schritt auf diesem Weg ist bereits getan, wenn wir uns öffnen und den Geschichten anderer Menschen zuhören.

Strategien zur nationalen Verteidigung und politische Beschlüsse schaffen keinen Raum für diese Offenheit und für das Zuhören. Das können sie auch nicht leisten. Man muss Systemen der Unterdrückung und extremistischer Gewalt zwar entschieden entgegentreten, aber wenn die Menschen noch immer an den zerstörerischen Denkmustern festhalten, die eine solche Gewalt ermöglichen, wird sich nur wenig ändern, und der Kreislauf der Gewalt wird weitergehen.

Vielleicht werden Systeme der politischen und gesellschaftlichen Unterdrückung am ehesten überwunden, wenn die von so vielen Menschen krampfhaft festgehaltenen Rassenvorurteile und die Unwissenheit abgebaut werden. Jetzt könnten natürlich viele behaupten, so eine Annahme sei töricht und naiv, und das ist sie auch. Aber Paulus sagt dazu: „... was töricht ist vor der Welt, das hat Gott erwählt, damit er die Weisen zuschanden mache; und was schwach ist vor der Welt, das hat Gott erwählt, damit er zuschanden mache, was stark ist" (1. Korinther 1,27). Wie Herkules beim Kampf gegen die Hydra können und müssen wir die unzähligen „Köpfe" von zerstörerischen Systemen abschlagen. Die Köpfe werden jedoch nachwachsen, wenn die in diesen Systemen lebenden Menschen nicht anfangen, alles zu hinterfragen und umzudenken. Wir können die Quelle allen Übels nur eine gewisse Zeit ignorieren.

Ich mache mir keine Illusionen. Ich bin auch kein Politiker, noch möchte ich einer sein, zumindest nicht im landläufigen Sinn. Ich habe keine großartigen Theorien oder kluge Pläne, die man bloß in die Tat umsetzen müsste, um die Verwirrung zu beenden. Ich will bloß ein Geschichtenerzähler sein.

Ich habe Geschichten, die ich erzählen möchte, weil ich törichterweise an ihre umwandelnde Kraft glaube. Es wird keinen Frieden geben ohne eine Umkehr, die durch Versöhnung und Gerechtigkeit geschehen muss. Damit meine ich nicht eine Gerechtigkeit, bei der jeder das bekommt, was er verdient, auch nicht eine Gerechtigkeit als Vorläuferin für die „amerikanische Lebensart" oder eine Gerechtigkeit nach dem Motto „Auge um Auge". Der Holocaust ist keine Rechtfertigung für die *Nakba* (die Vertreibung der Palästinenser) und die Besetzung von Gebieten. Die *Nakba* ist jedoch auch keine Rechtfertigung für Selbstmordattentate und Raketenbeschuss. Aus jüdischer Sicht ist Frieden oder *Schalom* nicht die Abwesenheit von Streit oder Widerspruch, sondern die heilende, Frieden und Gerechtigkeit schenkende Gegenwart Gottes. Gerechtigkeit macht uns wieder zu wahren Menschen, weil Gerechtigkeit „das öffentliche Gesicht

der Liebe" ist[1]. Das arabische Wort für „auf Wiederse-
hen" lautet *ma'a salaama*, aber ein Bekannter hat mir
einmal erklärt, dass es wörtlich übersetzt „mit Gesund-
heit" heißt und sich von derselben Wurzel herleitet wie
das Wort für Frieden, nämlich *salaam*. Frieden bedeutet
Heilung, und Heilung bewirkt Kraft zum Menschsein.
Gerechtigkeit bringt jene heilende Kraft, die die Auswirkungen von Unterdrückung, Entmenschlichung und Er-
oberung wegwäscht. In diesem mächtigen Strom wahrer
Gerechtigkeit finden sich stets auch Barmherzigkeit und
Mitgefühl.

Frederick Buechner erwähnt, dass „im Hebräischen
der Begriff *davar* sowohl ‚Wort' als auch ‚Tat' bedeutet. Wenn man also etwas sagt, dann tut man es auch …
Worte haben Macht, von ihrem Wesen her eine schöpferische Macht. Durch meine Worte entdecke und erschaf-
fe ich mich selbst. Durch meine Worte entlocke ich meinem Gegenüber ein Wort. Durch Rede und Gegenrede
erschaffen wir einander."[2] Worte und Taten erschaffen
Geschichten. Geschichten sagen etwas, aber sie tun auch
etwas. Ich wünsche mir, dass die Geschichten in diesem
Buch einen weiten Raum schaffen für ein heiliges Geschehen, in dem Unmögliches möglich wird. Geschichten beschreiben nicht nur die Wirklichkeit, sie verändern
sie auch. Sie fordern uns auf, noch einmal hinzuschauen,
immer wieder aufs Neue.

Jonathan McRay

---

1   Justin Dillon 2008, Direktor der Organisation Call + Response, gegen
    moderne Sklaverei und Menschenhandel.
2   Frederick Buechner, Wunschdenken: ein religiöses ABC, Zürich 2007.

Das Wiedersehen

Einmal im Monat treffen sich Mitarbeiter und Teilnehmer von Musalaha[1] im nordwestlich von Bethlehem gelegenen Beit Jala in der Talitha-Qumi-Schule zu besonderen Seminaren. Die bekannte, von Deutschen geführte Schule ist der beste Ort für solche Treffen. Sie liegt im Autonomiegebiet, sodass Palästinenser an den Kursen teilnehmen können, aber sie ist auch für Israelis zugänglich, weil die Hauptstraße den Berg hinunter zu Siedlungen in der Zone C führt (Gebiete unter israelischer Verwaltung). In diesen von Musalaha durchgeführten Seminaren geht es um den Konflikt zwischen Israelis und Palästinensern. Dabei bemüht man sich um eine Standortbestimmung für die Versöhnung zwischen Menschen, die einen gemeinsamen Glauben haben.

Mitte Oktober 2009 versammelten sich alle Teilnehmer im Gästehaus der Schule, und zwar in einem Eckzimmer im obersten Stockwerk. Wir saßen um einen großen Tisch, der fast den gesamten Raum einnahm. Auf jedem Platz lag Notizpapier. Obwohl der Sommer längst vorbei war, war es warm im Zimmer. Die vielen, auf engem Raum zusammengedrängten Menschen heizten die Luft zusätzlich auf und viele Teilnehmer rutschten ner-

---

1 „Musalaha" (arabisch: Versöhnung) wurde von einem arabisch-israelischen Christen (Salim J. Munayer) und einem messianischen Juden, also einem Juden, der an Jesus als Messias glaubt (Evan Thomas), als Versöhnungsarbeit gegründet. Dort treffen sich Menschen beider Seiten, die an Jesus glauben, um sich kennenzulernen und Wege zueinander zu finden. Am bekanntesten sind die Wüstentouren, wo die Teilnehmer und Teilnehmerinnen einige Tage miteinander verbringen.

vös auf ihren Stühlen herum. Die Fenster standen weit offen. Kühle Luft strömte herein, und mit ihr der schwache Duft nach Kiefernnadeln. Im Innenhof sah ich einige Bäume.

Evan Thomas öffnete den obersten Knopf seines kurzärmeligen Hemds. Der Vorstandsvorsitzende von Musalaha setzte seinen Vortrag vom letzten Monat fort. Es handelte sich um eine Studie über die Identität messianischer Juden in Israel. Er versuchte, die Vielschichtigkeit aufzuzeigen, die sich hinter der Bezeichnung „messianische Juden" verbirgt. Als „messianische Juden" bezeichnen sich Juden, die an den auferstandenen Jesus als ihren Messias glauben.

Unter dem Rand von Evans Brille bildeten sich Schweißtropfen und sammelten sich auf seiner Nasenspitze, während er langsam aus einem dicken Manuskript vorlas. Beim Sprechen bewegten sich seine Hände in einem fließenden Rhythmus, fast wie eine Zeichensprache, mit der er die Zuhörer aufzufordern schien, sich zu entspannen und am Gespräch teilzunehmen.

Die Zuhörer folgten dieser unausgesprochenen Aufforderung. Im Laufe seines Vortrags wurde er von begeisterten Zwischenrufen und unsicheren Fragen unterbrochen. Dann legte er jedes Mal sein dickes Manuskript beinahe zärtlich auf den Tisch und beugte sich vor, um den Fragenden zuzuhören. Er hat die Gabe, dem anderen bei einem Gespräch das Gefühl zu geben, dass er ihm wichtig ist und dass seine Meinung tatsächlich zählt.

Ab und zu wurden die Diskussionen hitzig, die Stirn der Teilnehmer legte sich in Falten, der Ton wurde schärfer. Aber dann machte Evan wieder ein paar Handbewegungen. Er griff sanft, aber bestimmt in die Gespräche ein und beruhigte den Sturm der Gefühle. Dieser Mann war der geborene Vermittler.

Nach seinem Vortrag gingen alle Teilnehmer die Treppe nach unten in den Speisesaal. Sie bedienten sich an einem kleinen Büfett und setzten sich in Gruppen an lange Tische. Während sie die gefüllten Fladenbrote verzehrten, unterhielten sie sich angeregt über das Thema Identität. Evan und ich gingen zu einer Sitzgruppe am anderen Ende des Raums. Er unterdrückte ein Gähnen, während er sich mit den Fingern durch sein widerspenstiges, am Hinterkopf dünner werdendes Haar fuhr. Neben seinem Amt als Vorstandsvorsitzender von Musalaha ist Evan der Vorsitzende des „Nationalen Komitees für Evangelisation" in Israel und Vorstandsmitglied beim „Israel College of the Bible". Außerdem ist er einer von drei Ältesten von Beit Asaph, einer messianischen Gemeinde in Netanya im Süden Israels.

Trotz seines gut gefüllten Terminkalenders hatte er sich begeistert zu einem Treffen mit mir bereit erklärt. Nach unserer Begegnung würde er mich mit dem Auto zum zentralen Busbahnhof in Jerusalem mitnehmen. Ich wollte das Wochenende zusammen mit meinen Mitbewohnern am See Genezareth verbringen. Dort hatten wir vor, zu zelten und zu wandern.

Evans Englisch hatte einen angenehm klingenden australischen Akzent, an dem ich leicht seine Herkunft erkennen konnte. Seine Großeltern Herschel und Esther stammten ursprünglich aus Jerusalem, aber zu Beginn des zwanzigsten Jahrhunderts hatten sie das Land verlassen und sich in den grünen Hügeln und den schneebedeckten Bergen von Neuseeland ein neues Zuhause gesucht. Während meines Studiums hatte ich ein Semester in Australien verbracht. Ich hatte auch Neuseeland besucht, aber nur die Südinsel. Evan stammte von der Nordinsel. Sein Geburtsort war Whakatane, eine Stadt an der Ostküste von Neuseeland.

„Ich liebe leidenschaftlich das Meer", sagte er jetzt mit einem Lächeln. Er lehnte sich zurück und legte den rechten Arm bequem über die Rückenlehne des Sofas. „Ich bin mit der Natur groß geworden. Bis heute habe ich ein kleines Boot, weil ich zusammen mit Maala, meiner Frau, in Netanya ganz nah am Mittelmeer wohne. Wir brauchen mit dem Auto nur etwa zehn Minuten, dann sind wir am Strand."

Plötzlich rutschten die Sitzkissen des Sofas unter ihm weg. Deshalb setzte er sich auf die Kante, während wir uns unterhielten. Nachdenklich rieb er sich die großen Hände. Leider hatten wir nur wenig Zeit für unser Gespräch. Evan musste zurück nach Netanya, und ich musste einen Bus nach Tiberias erwischen. Deshalb erzählte Evan mir nur kurz von seinen Jugendjahren und seiner Bekehrung, aber er versprach, mir einen detaillierten, von ihm selbst verfassten Bericht über sein Leben zu schicken.

Evan wuchs in einem jüdischen Elternhaus auf. Seine Großeltern waren tief religiös und sprachen mit brennender Sehnsucht vom „Land ihrer Väter", aber seine Eltern wollten ihren Kindern selbst die Entscheidung in Sachen Religion überlassen, wenn sie erst einmal älter wären. Nach seinem Studium heiratete Evan und fing in seiner Heimat Neuseeland an zu arbeiten. Aber 1977, zwei Jahre nach der Hochzeit, war plötzlich alles anders. Evan war damals vierundzwanzig Jahre alt.

Seine Frau Maala, die heute als Lehrerin und Beraterin arbeitet, gab damals „Jeschua (Jesus) ihr Leben", wie er es ausdrückte. Und dann, sagte Evan, kam es zu einer radikalen Veränderung in ihrem Zusammenleben. In seinem Bericht, den er mir nach unserm Gespräch zuschickte, schreibt er, dass „ich plötzlich einen ‚Engel‘ als Frau hatte". Die bisherigen Spannungen in ihrer Ehe lösten sich in nichts auf oder wurden ohne größere Auseinandersetzungen bereinigt. „Das ging so weit", erzählte Evan, „dass ich als Jude nichts gegen ihren Glauben hatte. Im Gegenteil – ich unterstützte sie sogar darin. Ich bat einen Pastor einer Ortsgemeinde, bei uns zu Hause jede Woche einen Bibelkreis zu leiten (an dem ich jedoch nicht teilnahm). Außerdem bestand ich darauf, dass meine Frau regelmäßig den Gottesdienst dort besuchte. Oft brachte ich sie sogar mit dem Auto zur Gemeinde."

Evan trat nicht sofort in die Fußstapfen seiner Frau. Seine Begeisterung über die Veränderung in ihrem Leben hatte ihren Ursprung eher in seiner Freude über die Ruhe, die jetzt in ihrer Ehe herrschte, und über die neu entdeckte Bereitschaft seiner Frau, ihm zu helfen und ihn zu unterstützen. „Noch heute schäme ich mich, weil ich so egoistisch war."

Etwa ein Jahr später, als Evan in Neuseeland zu einem Aufbaustudium an der Universität von Massey war, landete er ganz spontan in einem Kino. Er wollte sich für ein paar Stunden von der anstrengenden Kopfarbeit ablenken. Der Film, der gerade lief, trug den Titel „Die Zuflucht". Es handelte sich um die Verfilmung der Geschichte von Corrie ten Boom und dem lebensgefährlichen Opfer, das ihre Familie gebracht hatte, um während des Zweiten Weltkriegs in Holland Juden vor den Nazis zu retten. Während Evan im Dunkeln auf seinem Platz saß, spürte er, wie sich etwas in ihm veränderte. Es kam ihm vor, als ob sein verhärtetes Herz von der Geschichte, die er auf der Leinwand sah, durchdrungen und weich wurde. Seine akademischen Studien über die heiligen Schriften von Juden und Christen bekamen einen persönlichen Bezug, „als ich Jeschua in aller Stille mein Leben in die Hände legte und die Gewissheit bekam, dass er mir vergeben hatte".

Sein neuer Glaube bedeutete Konflikte mit seinen Eltern, Evans enge Beziehung zu Jesus bewirkte aber auch eine Rückkehr zu seinen jüdischen Wurzeln. Wie für viele andere Juden traf auch für ihn die neu entdeckte Überzeugung, dass Jeschua der Messias der Juden und der Nichtjuden ist, mit einer plötzlichen Sehnsucht nach dem „Land" zusammen. Dieser ferne Ort, von dem seine Großeltern erzählt hatten, nahm ihn gedanklich immer stärker gefangen. Dann, an einem Morgen im Jahr 1979, weckte er seine Frau und diktierte ihr Worte, die ihm ständig durch den Kopf gingen: „Mach dich bereit, denn ich will dich in das Land bringen. Dort werde ich dich vieles lehren." Evan deutete diese Umschreibung von Worten aus der Abrahamsgeschichte als direkte Botschaft an ihn. Er und Maala packten die Koffer und machten sich auf den Weg zu einem israelischen Kibbuz in der Sharonebene. In den nächsten vierzehn Monaten arbeiteten sie dort.

„Diese Zeit war so etwas wie die ,Flitterwochen' in unserer Beziehung zu unserem Herrn und unserer Liebe zu Israel."

Sie hatten zwar geplant, nach Neuseeland zurückzukehren, aber Evan änderte allmählich seine Meinung. Vielleicht sollte Israel ihr Zuhause werden. Evan kam zu der Überzeugung, dass die „Rückkehr des jüdischen Volkes" nach Israel notwendig sei. Er und Maala flogen 1980 nach Neuseeland zurück und trafen ihre Vorbereitungen für ihre Einwanderung als Juden in den Staat Israel. Im Jahr 1983 war es dann so weit. Evan und Maala kamen nach Netanya.

Während ihres Aufenthaltes im Kibbuz hatten sie die Sharonebene lieb gewonnen. Deshalb wollten sie die Küstenstadt zu ihrem neuen Zuhause machen. Evan fühlte sich noch immer zum Meer hingezogen, obwohl das Mittelmeer anders war als der Ozean um Neuseeland.

Sechs Monate lang lernten sie in ihrer vollgestopften Wohnung Hebräisch. Gleichzeitig versuchten sie, sich in der für sie neuen Kultur zu integrieren. Sie fanden Arbeitsstellen und nahmen wieder Kontakt zu einer Gruppe messianischer Juden auf, die sie bereits vor ein paar Jahren kennengelernt hatten.

Schon bald wurde Evan gebeten, in dieser Gemeinde das Amt des „Ältesten" zu übernehmen. Gleichzeitig wuchs in ihm der Wunsch, noch mehr für Gott zu tun. Nach vier Jahren arbeitete er hauptamtlich für die Gemeinde Beit Asaph („Haus des Sammlers") in Netanya. Die Ursprünge dieser Gemeinde liegen in den 1970er-Jahren. Damals hatten sich auf Betreiben von David und Lisa Loden zwei Hauskreise zusammengeschlossen. Heute hat Beit Asaph etwa zweihundert Mitglieder unterschiedlicher Herkunft: Einwanderer aus Russland, Äthiopien und Südamerika. Die Gemeinde ist auch vom starken Engagement für schwerbehinderte Menschen in ihrem Umfeld geprägt.

Evan saß immer noch auf dem Sofa mit den rutschenden Sitzkissen. Zwei ehrenamtliche Mitarbeiterinnen aus Deutschland trugen das benutzte Geschirr und die leeren Servierteller in die Küche zurück. Ich wechselte das Thema und kam auf die Palästinenser zu sprechen.

„Während meiner ersten Zeit in Israel hatte ich wenig oder gar keinen Kontakt mit palästinensischen Christen", sagte Evan und fuhr sich mit beiden Händen durch den weiß werdenden Bart. „Mein Umgang mit Palästinensern im Allgemeinen beschränkte sich auf meinen Militärdienst in Gaza und in Gebieten des Westjordanlandes wie Hebron, Kalkilja und Tulkarem. Während der ersten Intifada zu Beginn der 1980er-Jahre schickte man mich an diese Orte."

Er sprach langsam und bedächtig, wobei er jedes Wort sorgfältig abzuwägen schien. „Meine Wahrnehmung von Palästinensern beschränkte sich auf die Haltung eines Soldaten, der sie als Feinde betrachtete. Ich empfand keine Feindseligkeit gegenüber einzelnen Palästinensern. Meine Einstellung war eher militärisch, eine Folge meiner Ausbildung bei der Armee. Ich sah sie in ihrer Gesamtheit als Feind meines eigenen Volkes. In einem zivilen Rahmen hatte ich keine negativen Begegnungen mit ihnen gehabt. Das Wort ‚Palästinenser' wurde damals einfach nicht erwähnt. Soweit ich wusste, hatte das Thema Versöhnung in den Gemeinden keinen besonderen Stellenwert."

Evan war sich damals offensichtlich des weiter reichenden, tiefer sitzenden Konflikts zwischen den beiden Völkern nicht bewusst, bis zu einer großen Gebetskonferenz etwa 1985. An dieser Veranstaltung nahmen sowohl jüdische als auch palästinensische Christen teil.

„Ich erinnere mich nicht mehr genau an die Inhalte, aber ich erinnere mich noch genau, dass die Konferenz in einem Debakel endete, als palästinensische Christen aus Gaza Flugblätter verteilten. Ich weiß nicht mehr, was darin stand, aber die Israelis waren sehr wütend darüber und deshalb wurde die Veranstaltung abgebrochen. Meine Erinnerung ist lückenhaft. Heute scheint es mir, dass der Konflikt zwischen palästinensischen und jüdischen

Christen unter den Tisch gekehrt wurde. Man sagte uns, wir seien eins in Christus und deshalb gebe es keinen Konflikt zwischen uns."

Offenbar war das nicht die ganze Wahrheit.

Evan hatte seine Ausbildung in der Armee 1983 beendet, nach den ersten vier Monaten seines Aufenthalts in Israel. In den folgenden fünfzehn Jahren musste er jeweils zum Reservedienst einrücken. Als 1987 die erste Intifada ausbrach, wurde er ebenfalls eingezogen. Im Jahr 1988 wurde er zum Frontdienst in Gaza-Stadt abkommandiert. Er war an den Stadttoren stationiert und machte Leibesvisitationen bei palästinensischen Männern, die durch die Tore gehen wollten. Die meisten von ihnen versuchten sich Genehmigungen für Besuche bei ihren Familien im Westjordanland zu beschaffen.

„Während unserer Ausbildung hatte man uns eingeschärft, den Leuten, die wir abtasteten, nicht ins Gesicht zu sehen", sagte Evan und legte eine Hand über die Augen. „Wir mussten uns so distanziert wie möglich verhalten."

Aber eines Tages hob Evan den Kopf. Obwohl man ihm beigebracht hatte, dass er sich kein bestimmtes Gesicht merken sollte, fiel ihm das Gesicht eines jungen Mannes auf, der seinen Blick erwiderte. Und plötzlich erkannten sich die beiden wieder.

„Von dieser Konferenz!", erklärte Evan beinahe feierlich.

Wenn sich ein israelischer Soldat und ein Palästinenser in Gaza-Stadt wiedererkannten, dann war das eine peinliche Situation. „Wenn mein Vorgesetzter mich gesehen hätte, hätte er mir eine ernste Verwarnung verpasst", erklärte Evan. „Und für den Palästinenser hätte es in den Augen seiner eigenen Leute auch nicht gut ausgesehen, wenn er einen israelischen Soldaten gegrüßt hätte. Dieser Kontakt zwischen uns beiden war ein gutes Beispiel dafür, wie man seinem Feind begegnet und in ihm einen Bruder erkennt. Das geschah im selben Jahr, als Musalaha entstand und Salim sich an mich wandte. Er bat mich, bei der Gründung dieses wichtigen Werkes zu helfen." Evan hatte seine großen Hände im Schoß gefaltet. Sein Blick fiel auf den gefliesten Fußboden.

„Diese Erinnerung ist mir heute noch so deutlich vor Augen, Jonathan. Ich glaube, dass der Herr mir diese Begegnung geschenkt hat, um in meinem Herzen zu wirken. Aber jeder Armeeeinsatz im Westjordanland war für mich eine enorme Herausforderung. Mir wurde auch bewusst, wie sehr die in Israel lebenden Palästinenser darunter leiden, dass sie Bürger zweiter Klasse sind. Das führte zu einer Verschärfung in meinem Denken, nicht so sehr in meiner politischen Einstellung", fügte er rasch hinzu, „sondern in meiner theologischen Auffassung."

Mir war nicht ganz klar, was er damit sagen wollte. War seine politische Einstellung unverändert geblieben, weil sich seine vorherigen Annahmen, welcher Art auch immer sie gewesen waren, bestätigt hatten oder weil seine politische Einstellung vorher nicht stark genug ausgeprägt war?

Er dachte kurz nach und bestätigte Letzteres. „Ich komme aus Neuseeland und dort spielt die Politik keine so wichtige Rolle. Deshalb war ich damals in dieser Hinsicht so etwas wie ein unbeschriebenes Blatt. Meine von der Ausbildung in Neuseeland geprägte theologische Auffassung kam mir aber nach zwei Jahren hier im Land nicht mehr entscheidend vor. Mir blieb meine tiefe Beziehung zu Jeschua, meine enge Verbindung zum Land und meine Verwunderung, als ich meine jüdische Identität entdeckte. Wie ich schon sagte, verschärften sich die Konturen in meiner theologischen Auffassung während meiner Einsätze im Westjordanland, besonders im Hinblick auf biblische Aussagen wie in 1. Johannes 4 Vers 20."

Der genaue Wortlaut fiel mir nicht sofort ein. Deshalb schlug ich den Vers später nach. „Wenn jemand spricht: Ich liebe Gott, und hasst seinen Bruder, der ist ein Lügner. Denn wer seinen Bruder nicht liebt, den er sieht, der kann nicht Gott lieben, den er nicht sieht." Wenn Evan das auf palästinensische Christen und messianische Juden anwandte, wurde überdeutlich, wie brisant diese Sätze sind.

Evan besuchte gemeinsam mit einheimischen Gemeindeleitern einen Kurs über biblische Seelsorge und Gemeindedienst. Diese Fortbildung fand in einem Studienzentrum in Tel Aviv statt. Dort begegnete er Salim Munayer, einem dynamischen israelischen Palästinenser aus Lod. Er war sowohl Studierender im Zentrum als auch dessen Leiter. Im Verlauf des Intensivkurses lernten sich die beiden Männer näher kennen. Sie entdeckten ihre gemeinsame Sehnsucht nach Versöhnung (arabisch: *musalaha*) zwischen Israelis und Palästinensern. Die gegensätzlichen Persönlichkeiten der beiden ergänzten sich sehr gut. Salim war ein Visionär und von einer entwaffnenden Offenheit, Evan dagegen der geborene Pastor und Diplomat.

„Salim sprach mit mir über eine ganz bestimmte Vision. Es ging um die Gründung einer Initiative, deren Ziel es sein sollte, Versöhnung herbeizuführen, indem zuerst Menschen aus israelischen" – jetzt bewegte sich seine rechte Hand, als ob er etwas zusammenfegen wollte – „und Menschen aus palästinensischen Gemeinden" – seine linke Hand umfasste die rechte – „auf der Basis eines gemeinsamen Glaubens zusammenkommen."

Das war ein gewaltiges Vorhaben. Ich wollte gerade fragen, ob ihm dieses Ziel nicht beängstigend groß erschienen sei, aber Evan sprach weiter, bevor ich den Satz beenden konnte. „Ich habe kein einziges Mal gezögert, weil ich davon überzeugt bin, dass Gott mich auf diese Aufgabe vorbereitet hat. Ich sage so etwas nicht einfach dahin, wie viele Christen das gerne tun. Ich bin viel zu bodenständig und praktisch veranlagt, um mich schnell für eine Sache zu begeistern, wie das bei Salim der Fall ist, aber diesmal sagte ich sofort zu."

Kurz darauf wurde Musalaha ins Leben gerufen, mit Salim als Direktor und einem Vorstand, der zu gleichen Teilen aus Führungspersönlichkeiten von palästinensisch-christlichen und jüdisch-messianischen Gemeinden besteht. Diese Zusammensetzung ermöglicht beiden Seiten eine Mitsprache bei Entscheidungen, und sie gewährleistet bei Musalaha eine gewisse Ausgewogenheit.

Seit der Gründung der Organisation war Evan an allen Projekten beteiligt. Er half bei der Entwicklung der organisatorischen Struktur und nahm auch an den Begegnungen in der Wüste teil. Zunächst beteiligten sich an den Wüstentouren lediglich junge Erwachsene – Palästinenser und Israelis, genauer: christliche Palästinenser und messianische Juden. Dort begegneten sie Personen der jeweils anderen Seite in einer Umgebung, wo sie sich nicht ausweichen konnten. Nach einigen Stunden fingen sie an, sich ihre persönliche Geschichte zu erzählen. Zum ersten Mal erfuhren viele von ihnen vom Leid und dem Schmerz eines Menschen von der feindlichen Seite.

„Schon die erste Wüstentour im Jahr 1990 war sehr erfolgreich", erzählte Evan. „Die Wüste diente nicht nur als Klassenzimmer, sie brachte uns auch zueinander." Schon bald nahmen an den drei bis vier Tage dauernden Touren auch Führungspersönlichkeiten aus verschiedenen Gemeinden teil, Männer und Frauen von beiden Seiten. Als es in den Gesprächen um tiefer gehende und problematischere Themen ging, wurde die Wüste zu einem Ort, an dem die Leute das Zuhören lernten. Alle Teilnehmer wurden aus ihrer Komfortzone und ihrem vertrauten Umfeld gerissen und befanden sich gleichzeitig in einem sicheren Raum, in dem bisher fremde Menschen einen Namen und eine Geschichte bekamen.

Diejenigen, die sich auf diesen befreienden Prozess einließen, begannen Freundschaft mit ehemaligen „Feinden" zu schließen. In der Wüste wurde es möglich, „verdorrten Gebeinen" neues Leben einzuhauchen (vgl. Hesekiel, Kap. 37).

Dann entwickelte Salim Munayer eine Theologie der Versöhnung, geprägt von den Worten in Epheser 2,14-16: „Denn *er ist unser Friede*, der aus beiden *eines* gemacht hat und den Zaun abgebrochen hat, der dazwischen war, nämlich die Feindschaft ... damit er in sich selber aus den zweien einen neuen Menschen schaffe und Frieden mache und die beiden versöhne mit Gott in *einem* Leib durch das Kreuz, indem er die Feindschaft tötete durch sich selbst."

In einigen Regionen Israels galt Musalaha bald als „Experte" für Versöhnung. Auch im Ausland erfuhr die Versöhnungsarbeit große Beachtung. Es entstanden Studiengruppen, die von Musalaha lernten und in ihren jeweiligen Ländern das Bewusstsein für den erbitterten Konflikt zwischen Palästinensern und Israelis weckten. Evan und Salim gingen gemeinsam auf Reisen und hielten Vorträge. Nachdem Israel und Jordanien 1994 ei-

27

nen Friedensvertrag geschlossen hatten, überquerten die beiden Freunde den Jordan und trafen sich in Jordanien mit christlichen Gemeinden, die zum Großteil aus palästinensischen Flüchtlingen bestanden. Auch heute noch ist die Zusammenarbeit zwischen Evan und Salim eng, vor allem bei wichtigen Entscheidungen.

Nach einem kurzen Blick auf seine Armbanduhr meinte Evan, es sei Zeit, dass wir uns auf den Rückweg machten. Wir packten unsere dicken Papierstapel in unsere Taschen und fuhren hinunter zur Hauptstraße. Mit erstaunlicher Leichtigkeit passierten wir den Kontrollpunkt. Kurz darauf waren wir in Westjerusalem. Es herrschte reger Autoverkehr und zahlreiche Fußgänger waren in den Straßen unterwegs. Wir redeten über alles Mögliche, über das Meer und über Gartenarbeit. Aber bevor ich ausstieg, erwähnte ich noch, dass Beit Asaph eine sehr offene, tolerante Gemeinde sein müsse. Ich fragte Evan, ob er im Zusammenhang mit dem Konflikt zwischen Israelis und Palästinensern schon einmal Probleme mit Rassismus gehabt hätte. Er warf einen prüfenden Blick in den Rückspiegel, bevor er ihn neu einstellte. „Zum Glück musste ich mich in meiner eigenen Gemeinde nicht mit offensichtlichem Rassismus auseinandersetzen, aber in meinem sonstigen Umfeld war das schon der Fall. In meiner Gemeinde gab es jedoch sehr starke Vorurteile gegenüber Deutschen oder Menschen anderer Herkunft. Es gab auch Spannungen zwischen Juden und Nichtjuden. Diese Gefühle entsprangen hauptsächlich einem rassistischen oder elitären Denken. Meine Erfahrung bei Musalaha hat mich für solche Ansichten sehr sensibel gemacht. Heute weiß ich, was man solchen Auffassungen entgegensetzen kann.

Viele unserer Gemeindemitglieder haben durch Musalaha Begegnungen mit Palästinensern gehabt. Einige Kollegen von mir sind heute in der Führung von gemeindeübergreifenden Bewegungen tätig. Natürlich begegnet man unseren Positionen und Zielen von Zeit zu Zeit mit Verachtung und Misstrauen, sowohl in theologischer als auch in gesellschaftlicher Hinsicht. Aber die Begegnung mit unseren palästinensischen Geschwistern gehört zu unserem Selbstverständnis, und sie ist notwendig."

In der Wüste

Fast überall in der Hillel Street drang das tiefe Wummern von Bässen aus den offenen Türen der Straßencafés. Die Musik war zwar nicht unerträglich laut; sie legte sich auch nicht wie eine Geräuschkulisse über die Gespräche der Leute und sie erschütterte auch nicht die friedliche Stimmung des Spätsommerabends. Aber trotzdem brachten die harten Techno-Rhythmen den Asphalt unter meinen Füßen zum Vibrieren. Die Leute betraten und verließen die Cafés in großen Gruppen; sie drängten sich durch die Ben-Yehuda-Street, die Prachtstraße im Stadtzentrum. Die Sonne ging unter, und die Straßenlaternen begannen zu leuchten. In dieser Straße in Westjerusalem fühlt man sich wie in einer europäischen Großstadt. Ich setzte mich auf die Treppenstufen vor dem Café Aroma. Dieser Name war zutreffend, denn starker Kaffeeduft stieg mir in die Nase. Auf der Terrasse saßen die Leute um runde Tische und unterhielten sich leise miteinander. Als mich plötzlich ein kühler Windhauch traf, bedauerte ich, dass ich keine Jacke dabeihatte. Die Leute auf der Terrasse spürten offenbar auch ein leichtes Frösteln. Ich war überrascht, wie kalt es plötzlich geworden war. Auf meinen Armen zeigte sich eine Gänsehaut, und so verschränkte ich sie fest vor der Brust.

„Entschuldigen Sie bitte, sind Sie John?" Die Stimme kam von rechts.

Ich drehte mich um. Vor mir stand eine junge Frau. Ihre aus der Stirn geschobene Sonnenbrille hielt ihr langes braunes Haar zusammen. Sie sagte, sie sei Sarah Atwood. Dann warf sie mir einen spöttischen Blick zu, als sie sah, wie ich mich frierend zusammenkauerte. Sarah entschuldigte sich. Sie hatte sich verspätet, weil sie länger arbeiten musste. Sie arbeitete als Sekretärin in einer Anwaltskanzlei, die hauptsächlich für messianische Juden und Christen tätig war. Glücklicherweise lag die Kanzlei bloß um die Ecke. Deshalb hatte sie nur einen kurzen Fußweg zum Café. Ich fragte sie, wo sie gerne sitzen wollte. Sie überlegte kurz, während sie eine leichte Strickjacke überzog.

„Am besten, wir sitzen draußen", sagte sie dann.

Sarah verschwand ins Innere des Cafés, um ein warmes Getränk zu bestellen. Ich suchte in meinem Rucksack nach meinem Notizbuch. Ich wusste zwar nicht, warum, aber ich bestellte mir keinen Kaffee. Vielleicht wurde mir wieder warm, wenn ich eifrig mitschrieb. Unser Tisch stand direkt vor dem Eingang des Lokals. Ich saß mit dem Blick zur Straße, und so beobachtete ich die vorbeieilenden Fußgänger, während ich auf Sarah wartete. Korrekt gekleidete Männer mit Aktenköfferchen gingen zwischen fröhlichen Menschen im Freizeitlook.

Schon bald war Sarah zurück, mit einer übergroßen Tasse Cappuccino, gekrönt von einem Sahnehäubchen und überzogen mit einer feinen Schicht Kakaopulver, die aussah wie eine Galaxie in einem milchähnlichen Nebel. Sie zog eine halb volle Zigarettenschachtel aus der Tasche. Dann steckte sie sich eine Zigarette zwischen die Lippen. Ich sah, wie die kleine Flamme ihres Feuerzeugs aufleuchtete. Sie wirkte skeptisch und schien sich beim Gedanken an das Interview unwohl zu fühlen.

Sarah wurde in Israel geboren. Sie wuchs in einem streng jüdisch-orthodoxen Elternhaus auf. Ihr Vater stammte ursprünglich aus New York. Der Akzent war noch in Sarahs Englisch zu hören. Ihre Mutter war aus England nach Israel eingewandert.

„Ich bin sehr behütet aufgewachsen", erklärte sie. Während sie sprach, wedelte sie mit den Händen. Der Rauch ihrer Zigarette hinterließ verschwommene Spuren in der Luft, wie bei überbelichteten Fotos. Die Asche fiel auf den Boden der Terrasse.

„Über Palästinenser habe ich nur gewusst, dass unser Wohnviertel beschossen wurde und die Mauer in der Nähe meines Elternhauses verläuft. Das war schon alles."

Aber 2008 machte sie Bekanntschaft mit den Lehren eines jüdischen Zimmermanns, dessen Leben für sie schon bald die Erfüllung des jüdischen Gesetzes und der Propheten sein sollte. Eine Zeit lang behielt sie ihren neu gefundenen Glauben für sich, weil sie Angst vor den negativen Reaktionen ihrer Familie hatte. Gleichzeitig kamen ihr jedoch auch Fragen über die Menschen, die in der Nähe ihres Elternhauses hinter der Mauer lebten. Vielleicht hatte dieser jüdische Messias ja auch etwas über die Palästinenser zu sagen. Schließlich stellte er mit seinen Lehren den unter seinen Zeitgenossen vorherrschenden Sexismus, das Klassendenken, die Arroganz gegenüber Fremden infrage.

„Nachdem ich Christin geworden war, lernte ich auch israelische Araber kennen, darunter Nussi Khalil, die bei Musalaha mit jungen Erwachsenen arbeitet. Sie hat mich zu einer Wüstenreise nach Jordanien eingeladen."

Sarah nahm einen Schluck aus ihrer überdimensionalen Tasse. Dann klopfte sie die Asche von ihrer zweiten Zigarette in einen Aschenbecher. „Ich war zwar sehr interessiert an so einer Erfahrung, aber ich war auch ziemlich nervös. Schließlich wusste ich ja nicht, was auf mich zukommen würde."

Vier Monate, nachdem sich ihr gesamtes Leben verändert hatte, fuhr sie mit einer Gruppe aus Israelis und Palästinensern nach Jordanien ins Wadi Rum. Dort begegnete sie zum ersten Mal Menschen auf Augenhöhe, die sie früher einmal für ihre Feinde gehalten hatte. Innerhalb einer Woche kam es ihr vor, als ob ihre bisherigen Vorurteile vom Wüstenwind weggeblasen und durch Freundschaften ersetzt worden wären. Die Gespräche, das Zuhören und der Gedankenaustausch ließen ihr altes Denken verschwinden und machten sie offen für etwas Neues.

Eines Tages machte die Gruppe einen Ausflug. Sie fuhren mit Jeeps durch die ausgetrockneten Flussbetten und Schluchten. „In jedem Auto saßen fünf oder sechs Leute, und natürlich waren wir gemischte Gruppen. Man sitzt sehr eng zusammen, und dann bleibt einem gar nichts anderes übrig, als sich die andere Seite anzuhören. Man konnte ja nicht weg, selbst wenn man weggewollt hätte. Also musste man zuhören. Ich erkannte, dass die anderen denselben Schmerz durchlitten, aber auf der anderen Seite der Mauer sozusagen. Und dann, an den Abenden, wurden wir wieder aufgeteilt, in Zweiergruppen aus je einem Israeli und einem Palästinenser. Wir mussten uns einander gegenübersetzen und gemeinsam beten. Wieder haben wir herausgefunden, dass wir vieles gemeinsam haben. Der Wüstensand hat unsere Differenzen weggewischt. Dabei wurde uns deutlich, dass wir alle nur Menschen sind. Wir haben sehr schnell gelernt, wie das Gegenteil von Entmenschlichung funktioniert."

Als sie nach Jordanien fuhr, wusste ihre Familie immer noch nichts von ihrem neuen Glauben. Aber sobald auf der Internetplattform *Facebook* Fotos von ihr auftauchten, die sie im Wadi Rum zusammen mit Palästinensern zeigten, fand ihr Vater es heraus. Sarah war überrascht, dass ihre Familie nicht so negativ reagierte, wie sie befürchtet hatte. Aber einige ihrer tief religiösen Freunde waren entsetzt – nicht so sehr über ihren Glauben an Jesus als über die Tatsache, dass jetzt auch Palästinenser zu ihrem Freundeskreis gehörten.

„Ich ging in eine Schule, die sehr stark vom Zionismus geprägt war", erklärte Sarah. „Während der zweiten Intifada liefen dort ein paar extrem antiarabische Sachen. Und wenn man da mittendrin steckt, macht man auch mit. Schließlich sind Leute, die man kannte, getötet worden. Da fühlt man sich schon dazu gedrängt, die anderen zu hassen."

Sie wurde rot, als ob sie sich für diese Worte schämte. Dann machte sie den Mund auf, um noch etwas zu sagen, brach aber ab. Sie beugte sich vor. Vielleicht wollte sie einen Blick auf meine Notizen werfen. „Ich weiß nicht, ob ich so was sagen kann. Aber heute sind meine Gefühle wie umgewandelt."

Obwohl Israelis gesetzeswidrig handeln, wenn sie in die Autonomiegebiete einreisen, fuhr Sarah einmal heimlich nach Bethlehem, mit ihrem amerikanischen Pass. Sie wollte sehen, wie das Leben auf der anderen Seite der Mauer ist.

„Man sagt doch immer: ‚Wenn Steine sprechen könnten'", meinte sie. „Die Mauer erzählt uns tatsächlich eine Geschichte, die gehört werden muss."

Kurz nach ihrer Wüstenreise verschickte Musalaha eine E-Mail an alle Freunde und Teilnehmer. Es ging um eine Reise nach Norwegen. Ein Israeli und ein Palästinenser sollten in Schulen, Kirchengemeinden und Universitäten über die Arbeit von Musalaha sprechen. Sarah erfuhr, dass der Israeli, der ursprünglich mitfahren wollte, die Reise absagen musste. Sie meldete sich freiwillig, um für ihn einzuspringen. Im Februar 2009 flog Sarah nach Norwegen. Ihr Begleiter war ein junger Palästinenser namens Raed Hanania. Die Reise war für beide problematisch. Sarah war frustriert, weil an den Universitäten eine eher propalästinensische Haltung vorherrschte. Raed wiederum war zutiefst verletzt, als er erlebte, wie unkritisch manche Kirchengemeinden Israel unterstützten.

„Viele Leute, die wir trafen, verhielten sich äußerst kühl uns gegenüber. Deshalb wurden Raed und ich gute Freunde. Ich merkte, wie ähnlich wir uns im Grunde waren. Klar gibt es zwei Seiten in diesem Konflikt, aber wir konnten in unserem Glauben einen gemeinsamen Nenner finden. Das war wirklich schön."

Ich fragte sie, ob der Konflikt in diesem Land jemals ein Ende nehmen würde. Kaum hatte ich diese Worte ausgesprochen, bedauerte ich es. Eine solche Frage klingt beinahe lächerlich, weil es darauf keine vernünftige Antwort gibt. Aber Sarah antwortete mir trotzdem – mit einer kleinen Geschichte. Auf dem Rückflug von Norwegen saß sie neben zwei muslimischen Teenagern. In ihrem früheren Leben hätte sie sich vor den beiden gefürchtet. Aber sie dachte an die voll besetzten Jeeps, mit denen sie durch die Wüste gefahren waren. In einem voll besetzten Flugzeug war es gar nicht so anders als in der Wüste. Also sprach sie die beiden an und erzählte ihnen von ihrer Reise nach Norwegen. Die beiden Teenager hatten großes Interesse an dieser Israelin, die Palästinenser als ihre Geschwister bezeichnete.

„Das war für mich ein Hoffnungsschimmer", sagte sie. Sie drückte ihre letzte Zigarette im Aschenbecher aus, schob ihre Tasse weg und erhob sich vom Stuhl. „Da waren zwei Muslime mit einer leidenschaftlichen Sehnsucht nach Frieden und wir konnten darüber reden. Alle großen Dinge beginnen im Kleinen. Was kann ein einzelner Mensch bewirken? Eine ganze Menge."

„Das hat mich
von meinem Hass gereinigt"

Raed Hanania stand an der Spüle. Mit akribischer Sorgfalt wusch er zwei Becher aus. Dann warf er einen Blick auf den Wasserkessel, um festzustellen, ob das Wasser schon anfing zu sieden. Ich saß auf einem Drehstuhl neben seinem mit Papier und Unterlagen vollgepackten Schreibtisch. Sein Büro war eine Mischung aus Arbeitszimmer und Küche. Ein großer Tisch verband die beiden Räume wie eine Brücke. Der Wasserkessel begann zu summen und Raed schaltete ihn sofort ab. Dann ließ er zwei Teebeutel in die blitzsauberen Becher fallen.

Ich hatte Raed vor zwei Wochen in der Talitha-Qumi-Schule in Beit Jala bei Bethlehem kennengelernt. Dort organisiert Musalaha wie erwähnt jeden Monat ein Seminar. Wie ich schon im ersten Kapitel berichtet habe, hielt Evan Thomas die ersten beiden Vorträge über die Identität messianischer Juden in Israel. Danach trafen sich alle Teilnehmer in der unteren Etage des Schulgebäudes zum Mittagessen. Raed und ich standen nebeneinander in der Warteschlange. Schon bald merkte ich, dass sein Name auf der Liste meiner dreißig Gesprächspartner stand. Der nette junge Mann hatte für jeden ein freundliches Lächeln. Außerdem war er schlagfertig und sein Lachen wirkte ansteckend. Er hatte sehr kurz geschnittenes, lockiges und mit Gel frisiertes Haar, wie fast jeder Palästinenser in seinem Alter.

Während wir Pita und Hummus verzehrten, sprachen wir über einen möglichen Termin für ein Interview und über seine Eindrücke von Musalaha. Ich erwähnte, dass ich kritische Fragen über die Arbeit der Organisation gehört hätte. Deshalb fragte ich ihn, ob angesichts der unerlässlichen und auch notwendigen Auseinandersetzung mit dem Thema Versöhnung nicht das Thema Gerechtigkeit zu kurz käme.

Raed überlegte. Dann sah er sich um, senkte den Kopf und lehnte sich weiter über den Tisch, an dem wir saßen. „Musalaha macht eine sehr gute Arbeit. Ich finde es super, wenn man versucht, Leute von beiden Seiten zusammenzubringen, durch einen gemeinsamen Glauben. Aber manchmal will man uns erklären, dass wir alle gleich sind, doch das stimmt einfach nicht. Klar sind wir in den Augen Gottes gleich, aber in den Augen der Menschen, der israelischen Regierung, sind wir eben nicht gleich. Die eine Seite unterdrückt die andere mit ihrer Besatzung, und das können wir nicht einfach unter den Teppich kehren. Ich glaube, dass wir zusammen leben können, aber wir sind nicht gleich. Schließlich leben wir unter einer Besatzung. Klar leiden wir auf beiden Seiten, aber nicht auf dieselbe Art."

Dann erzählte mir Raed von seiner Aufgabe als kürzlich ernannter stellvertretender Leiter von „Jemima", eines Heims für körperlich und geistig behinderte Kinder. Momentan lernt er für einen zweiten Abschluss im Fach Organisationsmanagement und Entwicklung. Er war begeistert, als ich ihm von meiner Arbeit im „Al-Basma-Zentrum" erzählte, einer Einrichtung für geistig behinderte Jugendliche in Beit Sahour bei Bethlehem. Deshalb lud er mich sofort zu einer Besichtigung von Jemima ein. Kurz darauf stiegen wir in sein kleines Auto. Er fuhr mit hoher Geschwindigkeit durch die kurvenreichen Straßen von Beit Jala. Dabei bediente er willkürlich die Gangschaltung, ohne die Kupplung richtig durchzutreten. An

jeder Kurve drückte er auf die Hupe, um den entgegen-
kommenden Autofahrern unser Kommen anzukündigen.
Vielleicht hupte er aber auch, weil hier jeder ständig
die Hupe betätigt. Die Leute fahren mit einer Hand am
Lenkrad und mit der anderen an der Hupe. Sobald die
Ampeln auf Grün umschalten, drückt jemand ganz hin-
ten in der langen Schlange der wartenden Autos auf die
Hupe.

Raed wuchs in Bethlehem auf, in einer nur dem Namen nach griechisch-orthodoxen Familie. Seine beiden
Schwestern und ein Bruder sind inzwischen verheiratet.
Er ist der Einzige, der noch zu Hause wohnt. Raed ging
auf eine staatliche Schule, die fast ausschließlich von
Muslimen besucht wurde, aber er nahm damals das Lernen nicht richtig ernst. „Wir gingen in die Schule, um zu
spielen, nicht um zu lernen. Und in die Kirche gingen wir,
um Mädchen kennenzulernen. Nach dem Schulabschluss
wollte ich studieren, aber ich hatte an keinem Fach rich-
tiges Interesse."

Zuerst wollte Raed Reiseleiter werden, aber er schei-
terte an den strengen Anforderungen und der Bürokratie,
als er eine Lizenz erwerben wollte. Mit einem verschmitz-
ten Lächeln erzählte er, er habe sich notgedrungen für
eine theologische Ausbildung am „Bethlehem Bible College" entschieden. Aber dann wurde seine Miene wieder
ernst und nachdenklich. Er hatte das Theologiestudium
im Grunde genommen nur deshalb gewählt, weil er
fand, dass er so gut wie nichts über Jesus wusste. Zunächst fühlte er sich überfordert, weil er den Eindruck
hatte, dass jeder Dozent ihm die Inhalte auf eine andere
Art vermitteln wollte. Aber in seinem dritten Studienjahr
änderte sich sein Leben. Jetzt war er davon überzeugt,
dass er eine persönliche Beziehung zu Gott haben konn-

te, ohne einen Vermittler zu brauchen. Aber noch wusste er nicht, wie er diese Beziehung in die Praxis umsetzen konnte. Noch immer war er auf der Suche nach dem Angesicht Gottes.

Noch während seines Studiums am Bethlehem Bible College begann Raed, bei Jemima mitzuarbeiten. Sein Wunsch war, anderen Menschen zu helfen, auch ohne Bezahlung, weil er etwas Gutes tun wollte. Er sagte: „Nichts Böses zu tun ist nicht dasselbe wie etwas für Gott zu tun." Jemima brauchte ehrenamtliche Mitarbeiter, und so hatte ihn das Bible College an diese Einrichtung vermittelt. Ein Ehepaar aus Holland hatte Jemima im Jahr 1982 gegründet. Heute verfügt die Einrichtung über eine kleine Schule und eine Wohnanlage für die Kinder. Jemima bietet Physio- und Sprachtherapie an. Pfleger arbeiten in 24-Stunden-Schichten, sodass immer jemand für die Kinder da ist. In dieser Gegend werden häufiger Kinder mit einer geistigen Behinderung geboren, vermutlich wegen der in der palästinensischen Kultur weitverbreiteten Heiraten unter nahen Verwandten. Leider führt fehlendes Wissen über Behinderungen zu Stigmatisierung und Vorurteilen. Eine Familie, die ihr Kind aus diesem Grund aussetzt, ist kein einmaliger Fall. Manche Kinder werden einfach vor einer Haustür abgelegt oder in Krankenhäusern zurückgelassen. Jemima nimmt diese Außenseiter auf.

„Ich habe mich immer vor behinderten Menschen gefürchtet", gestand er mir mit einem beschämten Lächeln. „Wenn sie mir auf der Straße begegneten, bin ich auf die andere Straßenseite gegangen, weil ich Angst davor hatte, an ihnen vorbeizugehen. Aber bei Jemima habe ich als Pfleger angefangen. Ich habe Windeln gewechselt, die Kinder geduscht. Diese Arbeit hat etwas in mir verändert ... eine ganze Menge sogar. Ich habe diese Kinder berührt."

Der Gebäudekomplex von Jemima liegt zum Teil an einem steilen Abhang. Als wir zwischen einem Spielplatz und einer Felswand eine schmale Einfahrt entlangfuhren, erklärte mir Raed, woher der Name der Einrichtung stammt: Eine von Hiobs Töchtern habe Jemima geheißen.

Wir betraten eines der Wohngebäude. Die Kinder begrüßten Raed mit lauten, freudigen Ausrufen. Er umarmte sie alle. Dann nahm er einen kleinen Jungen mit verformten Knien auf den Arm und gab ihm einen Kuss auf den Kopf. Ein anderer Junge war schon drei Jahre alt, aber er konnte noch immer nicht sprechen. Sein Kopf war beinahe so groß wie sein ganzer Körper, und er war so stark verformt, als ob er in einem Schraubstock gesteckt hätte. Er konnte seinen Blick nicht direkt auf uns richten, weil seine Augen unruhig hin und her rollten. Aber trotzdem lächelte er.

Wieder ein anderer Junge saß in einem Rollstuhl. Seine Beine waren stark unterentwickelt, und sein Kopf sah aus wie ein zu stark aufgeblasener Luftballon. Weil seine Gesichtszüge die freie Fläche nicht ausfüllen konnten, versuchte er es mit einem noch breiteren Lächeln.

Ein paar Wochen später saß ich also bei Raed in seiner Büro-Küche in einem Gebäude von Jemima. Er goss das kochend heiße Wasser in die beiden Becher und rührte die Teebeutel um. Dann reichte er mir einen Becher, als ich mich auf dem Stuhl zu ihm hindrehte.

„Na, ist der Tee gut?", fragte er erwartungsvoll.

Ich verbrühte mir zwar die Zunge, aber trotzdem nickte ich, während ich mir auf die Unterlippe biss.

„Wirklich?" Er wirkte erfreut. Trotzdem senkte er verlegen den Blick.

Raed setzte sich auf seinen ledernen Chefsessel hinter dem Schreibtisch. Vorsichtig nippte er an seinem Tee. Dann drückte er den Teebeutel mit einem Löffel aus, bevor er ihn auf einer Papierserviette ablegte. Er kratzte sich am Kinn mit dem Dreitagebart, während er aus dem Fenster seines Büros schaute. Über dem Fenstersims konnte man die grünen Wipfel einiger schmaler Bäume erkennen.

„Eine Geschichte hat mich lange Zeit verfolgt", begann er langsam zu erzählen. Sein Blick schien in die Ferne zu schweifen, als ob er sich in Gedanken auf eine Zeitreise in die Vergangenheit begeben würde. „Es war in Beit Sahour. Ich spielte zusammen mit meinem Bruder und meiner Schwester. Mein Bruder reparierte gerade sein Fahrrad, und seine Hände waren … äh … du weißt schon …" Er wedelte mit seinen eigenen Händen durch die Luft. „… schwarz und ölverschmiert. Das war während der ersten *Intifada*. Also, wir waren in Beit Sahour, und wir machten uns gerade auf den Weg zum Haus meiner Tante. Aber bevor wir die Haustür erreichten, bremste neben uns ein israelischer Jeep."

Die drei Kinder gingen weiter, als wäre nichts geschehen, aber die Soldaten sprangen aus dem Fahrzeug. Einer von ihnen packte Raeds Bruder am Hemdkragen und schrie ihn an: „Warum bewerft ihr uns mit Steinen? Guck dir deine dreckigen Hände an! Du hast Steine auf uns geschmissen!" Raed erzählte weiter: „Sie schleppten ihn zum Jeep. Wir weinten. Meine Schwester alarmierte meine Familie und meine Mutter rannte zu uns. Sie fiel vor den Soldaten auf die Knie und flehte sie an, ihren Sohn zu verschonen. Aber sie stießen sie auf der Straße in den Dreck. Seitdem hasste ich israelische Soldaten. Dieses Erlebnis ging mir nicht aus dem Kopf, bis ich mich 2005 Musalaha anschloss."

Während seines Studiums am Bible College hörte Raed von der Versöhnungsarbeit bei Musalaha. Der Leiter von Musalaha, Salim Munayer, war einer seiner Dozenten. Er ermunterte Raed, an einer Wüstentour ins Wadi Rum teilzunehmen. Aber der junge Mann hatte kein großes Interesse an Versöhnung – zumindest *noch* nicht. Doch schließlich meldete er sich an.

„Ich bin vor allem deshalb mitgefahren, weil meine Freunde mal einen Ausflug machen wollten. Aber diese Wüstentour öffnete mir die Augen. Ich erkannte, dass ich auch mit Juden befreundet sein kann. In der Wüste haben wir Leute kennengelernt, als wir an Lagerfeuern gesessen und gemeinsam gegessen haben. Mir wurde klar, dass es auch auf der anderen Seite gute Menschen gibt, die Leid erleben."

Die Verbundenheit, die Raed in der Wüste erlebt hatte, begann sich jedoch in nichts aufzulösen, sobald er ins eingezäunte palästinensische Autonomiegebiet zurückkehrte. Das Erlebnis mit den Soldaten und seinem Bruder mit den ölverschmierten Händen machte ihm erneut zu schaffen. Und noch immer hasste er israelische Soldaten.

„Im Jahr 2008 fielen in einer einzigen Woche gleich drei bedeutende Erlebnisse zusammen. Ich hatte *hallas* – die Nase voll von Israelis und von Musalaha", erzählte er und unterstrich dieses Gefühl mit einer Handbewegung. „Jeden Tag wurde meine Würde angetastet und ich war machtlos."

Das kam so: Raed wollte gemeinsam mit mehreren Freunden und Bekannten, darunter auch seiner Exfreundin aus Holland, einen Tag am Toten Meer verbringen.

Sie passierten einen der vielen israelischen Kontrollpunkte im besetzten Westjordanland. Raed aß Nüsse aus
einer Tüte, während er zusah, wie ein Soldat langsam
um das Auto herumging. Schließlich blieb der Soldat vor
der Fahrertür stehen und befahl Raed auszusteigen. Der
Soldat überprüfte Raeds Personalien. Der junge Mann
versuchte, die deutlich spürbare Spannung abzubauen,
indem er dem Soldaten ein paar Nüsse aus seiner Plas-
tiktüte anbot. Der Soldat schlug ihm jedoch die Tüte aus
der Hand. Rosinen und Mandeln fielen in den Staub.
Dann befahl der Soldat Raed, er solle sein Hemd aus-
ziehen und sich mit über den Kopf erhobenen Händen
umdrehen. Raed zitterte am ganzen Körper, während
er die in seinem Inneren aufsteigende Wut über die Erniedrigung vor den Augen seiner Bekannten und seiner
Exfreundin unterdrückte. Dann warf ihm der Soldat das
Hemd wieder zu. Er erklärte der Gruppe, dass sie nicht
weiterfahren könne.

Ein paar Tage später fuhren Raed und ein Bekannter
nach Ramallah. Am Kontrollpunkt musste Raed wieder aussteigen. Ein Soldat stand am Heck des Autos. Er
winkte Raed zu sich heran. Als Raed näher kam, hob der
Soldat den Lauf seiner Maschinenpistole und zielte auf
den jungen Mann. Er sagte ihm, er solle seine Autonummer laut vorlesen. Raed lachte und erwiderte, der Soldat
könne das Kennzeichen doch selbst lesen. Der Lauf der
Maschinenpistole zeigte auf Raeds Kopf. Schließlich las
Raed langsam die Autonummer vor. Der Soldat machte sich Notizen auf seinem Schreibbrett. Plötzlich warf
er seinen Kugelschreiber auf den Boden. Er befahl Raed,
er solle das Schreibgerät aufheben. Raed weigerte sich.
Wieder hob sich der Lauf der Maschinenpistole. Raed
hob beide Hände und sagte dem Soldaten, er solle ihn

doch erschießen. Er hatte genug von den ständigen Erniedrigungen. Raed erzählte, dass der Soldat seinen vor Zorn sprühenden Blick bemerkte. Schließlich bückte sich der Soldat, hob den Kugelschreiber auf und ging weiter.

Eine Familie aus Holland, die ehrenamtlich bei Jemima arbeitete, bat Raed in derselben Woche, mit ihnen gemeinsam nach Hebron zu fahren. Er zögerte, weil er an seine Erlebnisse zu Beginn der Woche denken musste. Aber dann entschloss er sich doch, mitzufahren und die Familie durch die engen, aber belebten Gassen der Stadt zu führen. Raed brachte die Holländer schließlich zum Grab der Patriarchen, der Ruhestätte von Abraham und Sara, Isaak und Rebekka, Jakob und Lea. Der eine Teil des Gebäudes dient als Moschee, der andere als Synagoge. Als sich die kleine Gruppe der Grabstätte näherte, bemerkte sie einer der am Eingang postierten israelischen Wachleute. Er schrie Raed an, er dürfe nicht zusammen mit den Ausländern hier durchgehen. Die holländische Familie protestierte und erklärte dem Wachmann, dass Raed für heute ihr Reiseleiter sei. Aber die Wachleute wollten nichts davon hören. Er müsse sich woanders anstellen, weil es verschiedene Warteschlangen gebe, sagten sie. Raed könne nicht zusammen mit seiner Gruppe ins Gebäude. Das sei eine neue Vorschrift, meinten sie. Natürlich, erwiderte Raed, diese neue Vorschrift hätten sie nämlich soeben erfunden.

Also wartete Raed draußen, während die Familie das Innere des Gebäudes betrat. Einer der Wachposten fragte Raed, warum er mit diesen weißen Ausländern unterwegs sei. Dann zeigte er mit einer Kopfbewegung auf die blonde Tochter und fragte: „Na, hast du mit der was gehabt?"

„Damals habe ich viel Schlimmes über Israelis gesagt",

sagte Raed. „Für mich war klar, dass sie meine Feinde sind." Er hielt kurz inne.

„Eine Woche später bekam ich von Musalaha wieder eine Einladung zu einer Wüstenreise", erzählte er lächelnd.

Er wollte nicht mitfahren. Ein paar Tage lang schob er die Entscheidung vor sich her. Aber dann beschloss er, es doch noch einmal zu versuchen. Der erste Tag in der Wüste war interessant, aber ruhig. Für Raed waren die Israelis schlicht und einfach Ausländer, und er hielt sich weitgehend von ihnen fern. Er begann jedoch, die Teilnehmer zu beobachten. Ein junger Mann fiel ihm auf. Raed wusste sofort, dass es sich um einen Soldaten handelte. Er merkte es an seinem Gang, seiner Körperhaltung und der Art, wie er die Gruppe mit Blicken taxierte. Wie es der Zufall wollte, war dieser junge Mann Raeds Gesprächspartner bei einem Einzelgespräch.

„Sein Name war Mati Shoshani, und er kam aus Ma'ale Adumim, einer besonders schlimmen jüdischen Siedlung. Die Siedler haben den Palästinensern sehr viel Wasser und Land gestohlen. Zu Beginn unseres Gesprächs erzählte er mir, dass er fünf Jahre lang als Soldat in Bethlehem war. Er redete weiter, und dabei erinnerte ich mich an alle Gemeinheiten, die Soldaten mir angetan hatten. Ich stand auf und ging weg."

Vor seinem geistigen Auge sah er wieder, wie Soldaten seine Mutter zu Boden warfen und wie sie Maschinenpistolen auf ihn richteten und ihm befahlen, sein Autokennzeichen vorzulesen. Sein Feindbild bekam immer klarere Umrisse. Aber plötzlich wurde der harte Panzer um sein Herz weicher. Er fragte sich, ob sich hier nicht für ihn eine Gelegenheit bot, sich von diesem Hass, diesem Gefühl von *hallas* – die Nase voll zu haben –, zu befreien und mit diesem Typen, der aussah wie ein Soldat und einen Gang hatte wie ein Soldat, zu beten. Raed rannte los und suchte Mati. Dann setzte er sich zu ihm und lud seinen Hass bei ihm ab, seine bitteren Erinnerungen und die schmerzlichen Bilder in seinem Kopf.

„Ich habe ihm alles erzählt, von den Kontrollpunkten, von unserem geplatzten Ausflug ans Tote Meer, von Hebron, von meinem Bruder, als wir noch Kinder waren. Und er hat dagesessen und mir zugehört. Er sagte, dass er erlebt hat, wie man Leuten noch viel Schlimmeres angetan hat, und dass er deshalb die Armee verlassen hat. Er kann nicht in der Armee sein und gleichzeitig an Jesus glauben, weil das nicht zusammenpasst."

Raeds Stimme klang fassungslos, als ob er diese Begegnung noch immer verarbeiten müsse und noch immer deren umwandelnde Wirkung spürte.

„Und dann betete er für mich, und wir beteten gemeinsam. Ich dachte: Ein Israeli, der in der Armee war, betet für mich hier in der Wüste. Er betet für mich um Heilung von dem, was mir die Armee angetan hat."

Raed trank den letzten Schluck aus seinem Becher. Er schüttelte den Kopf und lächelte. Dann legte er die rechte Hand dorthin, wo das Herz ist. Er sah mir in die Augen. „Und das hat mich von meinem Hass gereinigt."

Gemeinschaft mit anderen Frauen

Ros Khalil saß auf dem Sofa vor dem Fernseher. Sie trug eine Brille, und ihr Haar war blassrot, fast kupferfarben. Sie sah gerade eine Sendung von Al-Dschasira. Vor ihr standen eine Schale Obst und ein Glas Limonade. Die Kommentatoren sprachen über eine Entscheidung, die Palästinenserpräsident Mahmoud Abbas vor Kurzem getroffen hatte.

„Du meine Güte, das reicht jetzt aber wirklich", rief sie. Ihr Englisch hatte einen eindeutig britischen Akzent und ihre Aussprache klang kultiviert.

Ros stellte die Obstschale wieder auf den Couchtisch. Sie lehnte sich zurück. Dann sprach sie über Gaza, Obama, den Unterschied zwischen absichtlicher und unabsichtlicher Naivität und über das Gesundheitssystem. Ihr Vater war wie meiner als Hausarzt tätig gewesen, „wir waren also nicht gerade reich, denn in England haben wir ein staatliches Gesundheitssystem". Das staatliche System hatte zwar auch seine Probleme, meinte sie, aber die Armen hatten ein Recht auf die gleiche medizinische Versorgung wie die Reichen – zumindest theoretisch. Und ihr Vater konnte nach dreißig Jahren mit einer Pension in den Ruhestand gehen. „Das waren damals noch ganz gute Bedingungen."

Ich war schon am frühen Nachmittag in Nazareth angekommen. Meine beiden Mitbewohner und ich hatten am Wochenende eine Rucksacktour rund um den See Genezareth gemacht. Wir waren zu heiligen Stätten gewandert und hatten in abgelegenen Buchten unser kleines Zelt aufgeschlagen. Am Sonntag waren meine Freunde in einen Bus nach Jerusalem gestiegen und ich war nach Nazareth gefahren. Ros hatte mir zwar telefonisch eine Wegbeschreibung gegeben, aber der Bus fuhr nicht die übliche Strecke. Als ich in Nazareth ankam, lief ich zunächst ziemlich lange in die falsche Richtung. Dann setzte ich mich an den Straßenrand und genoss erst einmal den Blick auf den Berg Tabor unten in der Ebene, den Berg der Seligpreisungen. Ich konnte keine Straßenschilder entdecken und außer dem kegelförmigen Berg in der Ferne auch keine markanten Orientierungspunkte.

Ros schickte ihren Mann George los, damit er nach mir suchte. Nachdem ich einen Verkehrskreisel und ein paar verfallene Lagerhallen auf der anderen Straßenseite erwähnt hatte, wusste Ros endlich, wo ich mich befand. Fünfzehn Minuten später hielt ihr Auto neben mir am Seitenstreifen.

Am nächsten Morgen war es sehr ruhig im Haus, fast friedlich. Die Khalils haben vier Kinder, aber drei sind schon ausgezogen. Ihre Tochter Nussi koordiniert bei Musalaha das Programm für junge Erwachsene. Marcus, ihr jüngster Sohn, war in der Schule, und George war zur Arbeit gefahren. Die Einrichtung, die er leitet, hat Bibelfernkurse per Post verschickt. Während der zweiten Intifada konnte man jedoch kaum noch Post ins Westjordanland senden. Deshalb wurde der Kurs ins Internet gestellt. Heute nehmen Menschen aus der ganzen Welt online an diesem Bibelkurs teil. Die Organisation hat kürzlich ein Grundstück gekauft, für den Bau eines Jugendzentrums mit einer Bibliothek, einer Cafeteria und einem Freizeitbereich.

„Für Jugendliche gibt es hier in Nazareth nur sehr wenige Angebote", beklagte sich Ros. „Das ist fast unglaublich."

Sanftes, weißes Licht strömte auf den Fliesenboden. Vögel zwitscherten im Baum vor den zweiflügeligen Fenstern im Wohnzimmer. Ros lief geschäftig in der Küche herum. Sie machte den Kühlschrank auf, öffnete Schranktüren und leerte Behälter aus. Sie bestand darauf, uns ein „leichtes" Frühstück zu servieren. Diese Mahlzeit bestand aus Müsli, Brot und verschiedenen Sorten Marmelade, Obst, Gemüse und Joghurt. Die Lebensmittel standen auf der Theke zwischen Küche und Wohnzimmer. Natürlich gab es auch Tee.

„Ich bin jetzt schon dreißig Jahre lang hier, aber ich weiß immer noch, wie man vernünftigen Tee macht!", grinste Ros. Dann stellte sie einen Topf auf den Herd.

Nach dreißig Jahren spricht sie fließend Arabisch, aber das Lesen fällt ihr noch immer schwer. Ihre Hebräischkenntnisse sind eher lückenhaft, aber ich wünschte, ich als Amerikaner hätte diese Kenntnisse in irgendeiner Fremdsprache. Ros war zurückhaltend und still; ihr Gesicht wirkte manchmal ausdruckslos, aber sie war sehr freundlich und offen. Manchmal lachte sie laut auf und dadurch wurde unser Gespräch lebendig. Sie aß wenig und nahm sich nur kleine Portionen aus Schüsseln und Tellern. Ihre Hände wärmte sie an ihrem Teebecher. Wir sprachen über unsere Familien. Sie erzählte mir, dass sie im Nordwesten von London in einer säkularen Familie aufgewachsen ist.

„Mein Großvater war Pastor. Meine Eltern gehörten zwar zu einer Kirche, aber ich denke, mein Vater wollte vom Glauben nicht viel wissen. Meine Mutter nahm uns in eine evangelikal-anglikanische Gemeinde mit, und dort fand ich zum Glauben an Jesus Christus." Während ihres Studiums kamen Vertreter einer christlichen Organisation mit Flugblättern und Fotos von exotischen Orten in der ganzen Welt. Ros war fasziniert, und so machte sie während der Sommerferien mehrere Reisen aufs europäische Festland.

„Nach dem Studium hatte ich den Eindruck, dass der Herr mich für ein Jahr in seinen Dienst rief", erzählte sie. „Bei einer großen Konferenz stellte diese Organisation verschiedene Missionsfelder und Programme vor. Zuerst wollte ich in einem Missionsschiff Afrika umrunden, aber das Schiff war schrecklich. Vierhundert Leute sollten mitfahren, und das hätte mich verrückt gemacht! Auf einmal kam die Sprache auf Israel und dann …"

Zum ersten Mal besuchte sie das Land zwischen Jordan und Mittelmeer im Jahr 1976. Sie sollte in einer christlichen Einrichtung in Tel Aviv ein Jahr lang bei der Verbreitung von Literatur mithelfen. Damals unterstützte sie Israel vorbehaltlos, obwohl sie nur wenig über die historischen Hintergründe und die aktuelle Lage wusste. Dann suchte sie Leute in Ramallah und Bethlehem auf, und plötzlich wurden ihr die Augen geöffnet für eine Geschichte, die sie vorher noch nicht gehört hatte. Nachdem ihre Zeit in Israel zu Ende war, entschloss sie sich, länger im Land zu bleiben. Sie fand eine Arbeitsstelle in einem schottischen Hospiz in Tiberias.

„Heute ist es das *Scots Hotel*, und ich erkenne es nicht wieder, mit diesem ganzen Fünf-Sterne-Zeugs, das sie da drübergebaut haben", murmelte sie. „Sie kennen es bestimmt. Es liegt dort unten am Seeufer. Na ja, das spielt ja auch keine Rolle. Mein Hauptfach am College war Touristik und Betriebswirtschaftslehre gewesen. Also habe ich dort am Empfang gearbeitet. Ich habe alles Mögliche mitbekommen, und das war wirklich spannend. Man bekam dort manchmal seltsame Zeitgenossen zu Gesicht."

Während sie in Tiberias arbeitete, lernte sie George

kennen. Ros hatte gute Bekannte am Missions-Hospital (Englisches Krankenhaus; d. Übers.) in Nazareth. Wenn sie dort zu Besuch war, ging sie in Georges Gemeinde in den Gottesdienst. Ros fasste die lange Geschichte für mich ganz kurz zusammen, wie sie sagte, denn 1978 waren sie verlobt und 1979 heirateten sie. „Die Familie meines Mannes stammte ursprünglich aus Dschenin im Westjordanland. Sein Vater war 1948 gerade in Nazareth. Als die Grenzen geschlossen wurden, konnte er nicht mehr zurück nach Hause. Er heiratete ein Mädchen aus Nazareth. Sie brauchten Jahre, bis sie sich eine eigene Existenz aufbauen konnten. Schließlich hatten sie acht oder neun Kinder. Einer ihrer Söhne starb bei einem Unfall in einer Fabrik, als er vierzehn war. Sein Haar verfing sich in einer Maschine, und ihm wurde die Kopfhaut abgezogen. Die Familie bekam eine Entschädigung, und davon konnten sie ein kleines Stück Land kaufen und ein Haus bauen. Furchtbar."

Sie blinzelte ein paarmal, als ob sie Tränen unterdrücken müsste. Dann hob sie den Kopf und sah mich an. „Wie bin ich eigentlich darauf gekommen? Du liebes bisschen, und Sie Armer schreiben mein Geschwätz so fleißig mit, obwohl es gar nichts mit unserem Thema zu tun hat! Aber jetzt zu Musalaha! George war sehr verbittert, weil er so vieles gehört und gesehen hatte. Aber dann lernte er einen jüdischen Gläubigen namens Art Goldberg kennen, und dieser Mann ging offen und ohne Vorurteile auf George zu. Ich glaube, von da an wurde für ihn alles anders. Seit ihrem elften Lebensjahr schicken wir unsere Kinder zu diesen jüdisch-messianischen Sommerfreizeiten in Jerusalem, damit sie nicht ausschließlich mit dieser Bitterkeit aufwachsen. Manchmal waren sie die einzigen Araber bei den Freizeiten."

Ihr Sohn Matthew hat vor Kurzem geheiratet und wohnt im amerikanischen Bundesstaat Iowa. Basil, der Älteste, ist in der Filmbranche tätig. Er wohnt in London. Vor ein paar Jahren hatte er einen Produzenten für sein erstes großes Filmprojekt gefunden. Während einer Militäraktion in Ramallah hatte die israelische Armee in der Produktionsfirma eine Razzia durchgeführt und das gesamte Bargeld mitgenommen. Das Projekt war gescheitert. Basil hatte sich daraufhin mit ein paar seiner Bekannten in einem Restaurant treffen wollen, um mit ihnen zu besprechen, welche Alternativen ihm blieben. Kurz vor dem Treffen hatten sie aber den reservierten Tisch abbestellt. An jenem Abend explodierte in diesem Restaurant eine Bombe. Basil hatte endgültig genug. Er packte seine Sachen und zog nach England um. Ich meinte, in Ros' Augen ein paar Tränen zu sehen, aber sie wischte sie rasch weg. Sie sagte, sie sei immer auf der Seite ihrer Kinder, aber es falle ihr schon schwer, mit anzusehen, wie sie das Land verließen. Sie wünschte sich, dass ihre Kinder nach Hause zurückkehrten.

„Du liebes bisschen", fügte sie hinzu. „Jetzt mache ich es schon wieder. Sie sind den weiten Weg gefahren, um mit mir über Musalaha zu sprechen, und ich rede über alles Mögliche, bloß nicht über meine Erfahrungen mit Versöhnung."

Ros räumte das Frühstücksgeschirr zusammen und stellte die Stapel auf die andere Ecke der Theke. Ich warf Orangenschalen in mein Müslischälchen, in dem ein paar Cornflakes in einer kleinen Milchpfütze schwammen. Ros füllte unsere Becher mit heißem Wasser und setzte sich wieder. Sie stützte die Ellbogen auf die Theke. Vor ihrem Gesicht stieg eine kleine Wolke aus Wasserdampf auf.

„In den ersten zweieinhalb Jahren hier war ich hauptsächlich auf der jüdischen Seite. Ich habe viele gute Begegnungen mit Juden gehabt, aber damals waren die Spannungen noch nicht so stark wie heute. Vielleicht wusste ich auch noch nicht allzu viel davon. Mein erster Eindruck von Musalaha war, dass man bloß diejenigen zusammenbringt, die schon offen sind für Versöhnung, nicht diejenigen, die zum harten Kern gehören. Da ist was Wahres dran, auch heute noch."

Dennoch war sie voller Bewunderung für das, was die Arbeit von Musalaha bewirken konnte. Sie war sich jedoch unsicher, welchen Platz sie in der Organisation einnehmen sollte. Sie war zwar mit einem israelischen Palästinenser verheiratet, aber sie war Ausländerin. Dann hörte sie von der Gruppe „Dritte Seite".

„Ich traf mich mit einer Frau zum Tee. Sie erzählte mir von dieser neuen Gruppe für Frauen aus dem Ausland. Das war vor etwa fünf Jahren. Zunächst trafen wir uns in einem katholischen Gästehaus außerhalb von Jerusalem. Jede Frau, die diese erste Zusammenkunft miterlebt hat, wird Ihnen erzählen, dass es unglaublich war, einfach unglaublich. Wir alle erzählten unsere Geschichten, und jede Geschichte war erstaunlich und einzigartig. Wir spürten, dass wir zusammengehörten. Jede von uns dachte mit einem erleichterten Seufzer: ‚Zum ersten Mal fühle ich mich richtig wohl in einer Gruppe.' Obwohl sich unsere Lebensgeschichten so stark voneinander unterschieden, hatten wir die gleiche Erfahrung gemacht. Wir merkten, dass wir alle in einem Boot saßen, die Frauen von der jüdischen genauso wie die von der arabischen Seite. Wir alle hatten in einen uns fremden Kulturkreis hineingeheiratet, und noch dazu in einen gewaltigen Konflikt.

Die Geschichten der anderen Frauen haben mir Mut gemacht. Wenn man hier lebt und sich an die fremde Kultur anpassen muss, durchlebt man so manche schwere Stunde. Jetzt konnten wir offen darüber sprechen und hören, wie andere diese Situation bewältigt hatten. Als ich den anderen zuhörte, habe ich mehrere Male gedacht: ‚Mensch, die hatte es ja noch viel schwerer als ich!' Man bekommt einen Einblick in das Leben anderer Frauen, und man erkennt, wie ähnlich und wie anders sie sein können. Offen gesagt blieben wir zu Beginn in unseren Gesprächen eher an der Oberfläche. Aber jetzt sind unsere Beziehungen zueinander enger geworden, weil wir tiefer gehen. Ich versäume nur selten ein Treffen dieser Gruppe."

Sie schloss die Augen. Ihre Hände legten sich fester um den Becher.

„Aber auf jüdischer Seite gibt es immer noch Dinge, die mich bis zur Weißglut reizen", sagte sie. Ihre sonst so ruhige Stimme zitterte ein wenig. „Es gibt ganze Gruppen von Siedlern, die von den Briten eine Entschuldigung fordern für das, was wir vor 1948 getan haben, aber dieselben Siedler sind nicht bereit, sich bei den Palästinensern zu entschuldigen für das, was sie ihnen heute antun."

Sie lachte auf, wie um die Spannung zu vertreiben. Dann zuckte sie zusammen, als ob sie fröstelte. „Ich kann mit dieser Doppelzüngigkeit nicht gut umgehen. Ich finde, man sollte sich nicht für etwas entschuldigen, was man nicht getan hat. Aber ich finde, man muss sich für etwas entschuldigen, was man getan hat."

Ros seufzte und stellte ihren Becher auf die Theke. Sie warf mir einen Blick zu, dann schüttelte sie den Kopf. „Deshalb finde ich die Arbeit unserer Frauengruppe so gut", sagte sie und nickte wie zur Bestätigung. „Diese

Doppelzüngigkeit wird besprochen und aufgedeckt, weil wir offen miteinander reden können. Sogar unsere Verschiedenheit ist eine Hilfe für uns, weil uns unsere gemeinsame Erfahrung in dieser für uns fremden Welt verbindet."

Bei der letzten Zusammenkunft erzählte Ros von einer Familie in Beit Sahour. Wie viele andere Familien hatte auch diese fünf Tage lang kein Wasser. Ihr Reservetank ging zur Neige, weil die Bewässerungssysteme die nahe gelegenen jüdischen Siedlungen bevorzugen. Wenn früher das Wasser abgestellt wurde, hatte die Familie Wasser aus einem alten Brunnen geholt, der sich auf ihrem Grundstück befand. Aber eines Tages kam sie nach Hause und sah, wie israelische Soldaten die Brunnenrohre freilegten und sie zu den Siedlungen umlegten.

„Eine mit einem Israeli verheiratete Frau aus unserer Gruppe war entsetzt. Zuerst wollte sie diese Geschichte gar nicht glauben. Sie hatte vorher noch nie so etwas gehört. Aber sie wollte verstehen, was da geschah. Sie war offen. Ich finde, das ist der Punkt, an dem wir ansetzen sollten."

Gemeinsamer Glaube

Ich trage keine Armbanduhr, und so sah ich auf meinem Handy nach der Uhrzeit. Es war sechzehn Uhr fünfzig. Schon vor etwa einer Stunde sollte ich Shoshi Danielson getroffen haben. Ich hatte das Büro in Talpiot rechtzeitig verlassen. Dann war ich mit dem Bus zum Busbahnhof in der Jaffa Street gefahren und dort in ein *sherut*, ein Sammeltaxi, eingestiegen, das nach Modi'in fuhr. Shoshi rief mich an und entschuldigte sich für die Verspätung. Sie versicherte mir, dass sie jetzt vom nahe gelegenen Na'ale aufbrechen würde. Sie habe warten müssen, bis ihr Mann mit dem Auto nach Hause gekommen sei. Dann erklärte sie mir den Weg ins Stadtzentrum. Ich könne dort in einer kleinen Einkaufspassage auf sie warten.

Wenn ich nicht gewusst hätte, dass Modi'in auf beiden Seiten der Grünen Linie (der Demarkationslinie zwischen Israel und seinen arabischen Nachbarn; d. Übers.) liegt, hätte ich diesen Ort für eine ganz normale israelische Stadt gehalten. So denken auch die meisten Israelis. Vor fünfzehn Jahren gab es diese Stadt noch nicht. Damals lag hier eine palästinensische Bergkuppe. Heute leben in der ständig wachsenden Stadt 70.000 Menschen. Ich sah Jogger im Sportdress, Kinder, die auf einem nahe gelegenen Sportplatz Fußball spielten, verärgerte Autofahrer, die ungeduldig auf die Hupe drückten, und Mütter, die mit Kinderwagen unterwegs waren. Alles war wie in jeder anderen Stadt auch. Wenn ich es nicht bereits gewusst hätte, wäre ich vollkommen ahnungslos gewesen.

Jetzt hielten Shoshi Danielson und ihre Tochter an der gegenüberliegenden Kreuzung an. Shoshi winkte mir schüchtern zu. Ich kletterte auf den Rücksitz. Kaum hatte ich die Tür zugeschlagen, als Shoshi sich zu mir umdrehte und sich wortreich wegen ihrer Unpünktlichkeit entschuldigte. Sie sprach weiter, bis wir an einem großen Einkaufszentrum in der Innenstadt von Modi'in ankamen. Vor Kurzem war ihr Haus abgebrannt. Deshalb waren die letzten Wochen für sie unglaublich hektisch gewesen.

„Der Gärtner sollte am letzten Mittwoch kommen", erklärte sie mir. „Aber er hat den Termin verwechselt und war heute da. Deshalb bin ich so spät dran. Was für ein Stress!"

Shoshi parkte das kleine Auto in der Tiefgarage unter dem Einkaufszentrum. Dann fuhren wir zu dritt mit dem Aufzug nach oben. In großen, sich ständig auflösenden und wieder zusammenfindenden Gruppen bewegten sich viele Teenager von Musikläden zu Boutiquen und weiter zu Elektronikläden. Shoshis Tochter traf sich mit mehreren Freundinnen und verschwand in der Menschenmenge. Shoshi stellte mir Fragen über meine Arbeit, meine Herkunft und meinen jetzigen Wohnort in Israel. Ich erklärte ihr, dass ich nicht in Israel, sondern in Beit Sahour wohnte.

„Oh, Beit Sahour! Ich kenne mehrere Frauen aus Beit Sahour. Das sind wunderbare Menschen, aber sie sprechen kaum Englisch. Deshalb sagen wir immer nur: ‚Keyf halik?! Keyf halik?!' Das ist Arabisch und heißt: ‚Wie geht's dir?'"

Sie lachte, breitete die Arme aus und deutete eine Umarmung an.

Shoshi führte mich zu einem Café in einer ruhigen Ecke des riesigen Einkaufszentrums. Das Café hatte einen großen Balkon, und so konnten wir draußen sitzen.

Die Sonne stand schon tief. Sie warf ein orangefarbenes Licht durch die Wolken. Shoshi bestellte einen Eiskaffee und ich einen grünen Tee. Am Nebentisch saß eine jüdisch-orthodoxe Mutter. Sie sprach Englisch mit ihrem Baby. Shoshi legte ihren Pullover neben sich auf das Sofa. Dann strich sie sich das kurze Haar aus dem Gesicht. Sie war eine liebenswürdige Frau, ihre Offenheit wirkte ungekünstelt. Mit ernstem Gesicht beugte sie sich vor und wartete auf meine Fragen.

„Also, ich bin in Tel Aviv geboren", begann sie, „vor fünfzig Jahren", fügte sie mit einem Lächeln hinzu.

Shoshi war die Erstgeborene in einer säkularen jüdischen Familie. Ihre Mutter stammte aus Tel Aviv und ihr Vater war als Kind nach Israel eingewandert. Seine Familie kam aus dem Grenzgebiet zwischen Russland und Rumänien. Wie alle israelischen Mädchen war Shoshi mit achtzehn für zwei Jahre zur Armee gegangen. Sie hatte zu einer Einheit gehört, die am Ufer des Toten Meeres einen Kibbuz gegründet hatte. Nach dem Militärdienst studierte sie an der Universität von Tel Aviv. Für einen Kurs in Kunstgeschichte las sie das Neue Testament. Sie erkannte, dass in diesem Buch die Wahrheit steht, erzählte sie.

Während ihres Studiums entdeckte Shoshi nicht nur Gott, sondern sie war auch sehr stark politisch engagiert. „Sehr links", sagte sie und senkte ihre Stimme zu einem gedämpften Flüstern. „Ich war in der Friedensbewegung engagiert, und so hatte ich von Anfang an viel Verständnis für das Leid der Palästinenser."

Sie sah vor sich hin und rührte nachdenklich mit einem Strohhalm in ihrem Eiskaffee. Das zerstoßene Eis schmolz und vermischte sich mit dem Kaffee. Die Sonne verschwand hinter den Hochhäusern.

„Aber für mich war die Friedensbewegung keine Lösung. Ich war sehr enttäuscht. Ich war enttäuscht von den Menschen; sie hatten jeder hohe Ideale, aber sie kämpften nur um Macht und Ansehen. Ich erkannte, dass die Rechten und die Linken sich schließlich irgendwo trafen."

Dann begegnete sie dem Kunststudenten Rolf aus Schweden. Sie heirateten und zogen in seine Heimat.

„Ich war froh über diesen Umzug nach Schweden, weil ich hier alle Zelte abbrechen konnte und weg war von dieser komplizierten Situation, für die ich keine Lösung sah. Wir zogen nach Schweden, und dort fanden wir gemeinsam zum Glauben an Gott."

Die Sonne war untergegangen, und es wurde merklich kühler. Shoshi zog den Pullover über ihr schwarz-weiß gemustertes Kleid. Der Eiskaffee verstärkte wohl noch die Wirkung der kalten Abendluft.

„Wir gingen nach Schweden", wiederholte sie, „aber ich habe immer gewusst, dass wir zurückkommen würden." Sie nickte bedächtig. Ihr Blick schweifte in die Ferne, vorbei an der jüdischen Mutter und ihrem Baby, vorbei an den Gebäuden aus grauem Beton. Jetzt schien sie hauptsächlich zu sich selbst zu sprechen.

„Für mich als Gläubige war es immer klar, dass Gott sein Volk hier in diesem Land haben will. Ich glaube, dass Gott dem Volk Israel dieses Land gegeben hat. Aber bei meinem Umzug nach Schweden hatte ich genug von Israel und meinem Volk. Nachdem ich zum Glauben an Gott gefunden hatte, war da ein Widerspruch zwischen meinen eigenen Ansichten und dem Wort Gottes, der Bibel. Ich war nicht einverstanden mit dem, was die Israelis getan haben, aber wie konnte ich diese Sicht mit dem Plan Gottes für das Volk Israel nach der Bibel zusammenbringen? Also betete ich und bat Gott darum, meine Ansichten zu ändern und mich zurückzuführen zu seinem Willen für dieses Land."

Im Jahr 1991 zogen die Danielsons wieder nach Israel, und zwar nach Na'ale. Shoshi bezeichnete diesen Ort als eine Siedlung. Ab und zu fährt das Ehepaar zu kurzen Besuchen nach Schweden, denn inzwischen möchte ihr Mann öfters in seine Heimat fahren.

Shoshi rieb sich die Hände und wechselte das Thema. „Als wir nach Israel zurückkamen, hörte ich von Musalaha, und was ich hörte, fand ich sehr interessant. Eine Leiterin dort sprach mich an und bat mich, bei der Frauenarbeit mitzuhelfen. Ich hatte den Eindruck, dass diese Arbeit zu meiner inneren Haltung passte. Aber zu Beginn hatte ich nur wenig Kontakt zu Palästinensern. Das lag auch an der Struktur der Konferenzen. Man hatte bei diesen Veranstaltungen nicht so viele Gelegenheiten zu persönlichen Begegnungen. Wir waren mal bei einer Familienkonferenz, aber dort fühlten wir uns irgendwie fehl am Platz. Wir hatten den Eindruck, dass die Palästinenser uns Schuldgefühle für ihr Leid einreden wollten, aber wir können diese Schuld nicht auf uns nehmen. Warum auch? Schließlich leben wir in einer sündhaften Welt, und deshalb leiden wir alle unter Ungerechtigkeit. Man erwartete jedoch von uns, dass wir persönlich die Verantwortung für begangenes Unrecht übernehmen sollten, aber das können wir doch nicht. Weil wir uns bei diesen Konferenzen nicht wohlgefühlt haben, sind wir schließlich nicht mehr hingegangen."

„Ich erfriere noch mit diesem Eiskaffee", platzte sie plötzlich heraus. Ihre Zähne schlugen aufeinander. Wir nahmen unsere Tassen und gingen hinein. In dem langen, schmalen Raum saßen nur wenige Gäste. Fächerartige Wandlampen spendeten ein schummriges Licht. Obwohl es hier drin wärmer war, schien Shoshi noch immer zu frieren. Sie steckte die Hände unter die Oberschenkel, um sie zu wärmen, nahm aber den Gesprächsfaden sofort wieder auf.

„Doch vor einigen Jahren bat man mich um meine Mitarbeit in einer anderen Frauengruppe. Diese Gruppe war klein, und deshalb waren engere Kontakte möglich. Zehn Frauen von beiden Seiten fuhren nach Petra in Jordanien, und dort wurden wir gute Freundinnen. Die Aktivitäten der Frauengruppe unterscheiden sich von denen der anderen, weil die meisten Frauen nicht politisch interessiert und engagiert sind. Deshalb wird auch nicht so oft über politische Themen gesprochen."

Hin und wieder wurden diese Themen zwischen den Frauen natürlich trotzdem angesprochen, weil sich das gar nicht vermeiden lässt. Im Sommer 2006, am ersten Tag des Krieges zwischen Israel und der Hisbollah im Libanon, kam der Sohn einer guten Freundin von Shoshi ums Leben. Musalaha hatte ein Frauentreffen geplant, das dann auch am letzten Tag dieses Krieges stattfand. Shoshi traute sich zuerst nicht, daran teilzunehmen.

„Ich hatte Angst, dass meine seelischen Wunden wieder aufreißen könnten, und befürchtete, dass die palästinensischen Frauen sich auf die Seite der Hisbollah stellen würden. Aber als ich dann doch hinging, waren alle so liebevoll und entgegenkommend zu mir. Ich habe gelernt, mich stärker mit ihrem Schmerz zu identifizieren, und ich glaube, sie haben auch gelernt, mit meinem Schmerz mitzufühlen. Für mich ist Frieden nur auf der Grundlage eines gemeinsamen Glaubens möglich. Ich kann keine andere Lösung für dieses Land erkennen. Es geht nur über den Glauben. Die Frauen in der Frauengruppe können ihre Kinder entsprechend beeinflussen. Meine Kinder haben zwar nicht bei Musalaha mitgemacht – leider. Aber ich glaube, ich habe ihnen in dieser Frage eine Menge mit auf den Weg gegeben."

Ich fragte, wie ihre palästinensischen Freundinnen mit der Tatsache umgehen, dass Shoshi in einer Siedlung wohnt.

„Ich war sehr neugierig, wie sie auf das Thema Siedlungen reagieren würden, aber die Frage hat sich noch nie gestellt", erwiderte sie mit leicht erhobener Stimme. Sie war darüber genauso überrascht wie ich. „Ich finde es erstaunlich, dass das Thema noch nicht angesprochen wurde. Eine meiner palästinensischen Freundinnen von Musalaha hat mich in dieses Café begleitet. Sie ist sogar zu mir nach Hause gekommen, um mir ein Geschenk zu bringen. Natürlich weiß sie ganz genau, wo unser Haus steht. Ihre Eltern wohnen nur zehn Kilometer von uns entfernt. Obwohl sie mit den Auswirkungen der Siedlungspolitik nicht einverstanden sind, tut es ihnen bestimmt gut, wenn sie sehen, dass nicht alle Siedler einen Schwanz haben und nach Schwefel stinken, sondern die meisten von uns ganz normale Leute sind, die in Frieden leben wollen. Ich bin nicht aus ideologischen Gründen hier, obwohl ich meine, dass die Siedlungen zu Israel gehören sollten. Deshalb finde ich es gut, wenn unsere palästinensischen Freunde sehen können, dass die sogenannten Siedler ganz normale Leute sind."

Wie Shoshi erklärte, sind die Frauenkonferenzen nicht so stark politisch ausgerichtet. Daher liegt der Schwerpunkt bei manchen dieser Veranstaltungen auf Themen wie Zuhören und Identität.

„Weißt du, das ist sehr schwer. Wir sprechen Hebräisch, sie sprechen Arabisch, und wir verstehen nicht immer genug Englisch. Wie sollen wir also miteinander kommunizieren? Aber für mich war das die einzige Chance, die Frauen von der anderen Seite kennenzulernen. Letztes Jahr haben wir über die *Nakba* („die Katastrophe", wie die Palästinenser die Vertreibung durch Israelis 1948 nennen) und den Holocaust gesprochen. Das war richtig schwer, wirklich. Ich war sehr niedergeschlagen, und dann bin ich mitten in der Nacht aufgewacht und habe gebetet, weil ich nicht einsehen konnte, dass wir dieselbe Bibel haben und trotzdem so unterschiedliche Ansichten. Aber das Wichtigste ist, dass wir in Jesus Christus Geschwister sind."

Was meinte sie mit unterschiedlichen Ansichten über die Bibel? Shoshi antwortete, ohne zu zögern: „Die ganze Sache mit Gottes Plan für das Volk Israel und das Land. Wenn ich in meiner Bibel lese, wird es mir überdeutlich, dass dieses Land für das Volk Israel bestimmt ist."

Sie sah jetzt nicht mehr nachdenklich in die Ferne, sondern schaute mir direkt in die Augen.

„Ich liebe meine Nachbarn und die anderen Menschen auch, aber mir ist es schleierhaft, wie man in der Bibel lesen und diese wichtige Sache nicht erkennen kann."

Shoshi schwieg plötzlich. Ihre theologische Sichtweise harmonierte nicht mit der ihrer palästinensischen Freundinnen. Sie sagte eine Zeit lang nichts, sondern bewegte den Strohhalm um den Rand ihres leeren Glases. Dabei wirkte sie unschlüssig, als ob sie nicht wüsste, was sie als Nächstes sagen sollte.

„Aber", begann sie fast unhörbar. Sie zog das Wort in die Länge, bis es beinahe auf ihren Lippen summte. „Ich weiß nicht, wie diese Tatsache hier hineinpasst, in diesen Konflikt. Ich habe keine Lösung dafür. Aber für mich ist

es eindeutig, dass Gott dieses Land dem Volk Israel gegeben hat. Ich weiß bloß nicht, wie das Ganze politisch
umgesetzt werden soll."

Den eigenen Weg suchen

Ich mache uns mal einen Beduinentee", rief mir Tamar Burdekin zu. Sie warf einen kurzen Blick um die Küchentür herum.

Ich saß in einem Sessel auf der anderen Seite der Wohnung. Der Fußboden war übersät mit Spielsachen. Die Wand hinter mir bestand aus einem überquellenden Bücherregal. Während ich wartete, sah ich mir die Buchrücken an. Wenn ich bei jemandem zu Hause bin, werfe ich zuallererst einen Blick auf die Bücherregale. Ich habe die schlechte Angewohnheit, die Menschen nach der Wahl ihrer Literatur zu beurteilen. Glücklicherweise geriet ich hier nicht in Versuchung. Die meisten Bücher waren auf Hebräisch.

Tamar kam ins Wohnzimmer, bevor ich zu viele englische Buchtitel entdecken konnte. Sie trug ein Tablett mit Honigkuchen und dampfenden Tassen, die einen schwachen Duft verströmten. Englische Buchtitel hätten mir aber bei der Einschätzung der Bewohnerin gar nicht geholfen, denn Tamar wohnte nicht hier in dieser Wohnung in Pisgat Ze'ev. Sie übernachtete hier bei ihrer Schwester, die über die schwarze Wendeltreppe ein Stockwerk höher gegangen war, um auf die Kinder aufzupassen. Ihre Schwester pendelte zu der Zeit zwischen zwei Häusern hin und her. Ihr aus England stammender Mann und ihr Schwager waren gerade in den USA und bauten ein Haus für diese Familie. Tamar erzählte mir, dass sie ihren Mann in der Jerusalemer Gemeinde „King of Kings" in einer Gruppe für junge Erwachsene kennengelernt hatte.

„Diese Gemeinde ist zionistisch geprägt. Manche Predigten waren ziemlich politisch, als ich dort noch die Gottesdienste besucht habe. Ein paar Mal habe ich versucht zu argumentieren, aber das brachte nichts. Ich habe meinen Mann zwar in dieser Gemeinde kennengelernt, aber seine politische Haltung war nie so stark rechtsgerichtet. Eigentlich ist er noch stärker dem linken Lager zugeneigt als ich. Es ist noch nicht lange her, da haben ihn die Anhängerinnen dieser zionistischen Frauenorganisation *Women in Green* an einem Kontrollpunkt in einer Seitenstraße nach Beit Sahour angepöbelt. Dort hilft er beim Aufbau einer Kletterwand für Jugendliche. Als er in ein palästinensisches Dorf hineinfahren wollte, schrie ihn eine Frau hasserfüllt an. Eine andere wollte ihn sogar aus dem Auto zerren! Die Soldaten mussten ihn ganz schnell durchwinken." (Die zionistischen Frauen wollten offensichtlich nicht, dass er etwas für palästinensische Jugendliche tat; d. Übers.)

Gedämpftes Sonnenlicht drang durch die mit Schnüren drapierten Vorhänge. Ich konnte durch die Zimmerdecke das Geräusch von trippelnden Schritten hören, als kleine Füße über den Boden im ersten Stock rannten. Tamar raffte ihren langen Rock zusammen und machte es sich auf der Couch bequem. Ihre Eltern waren aus den USA nach Israel eingewandert und Tamar wurde hier im Land geboren. Ich erzählte ihr, wie Bekannte von mir mich darauf aufmerksam gemacht hätten, dass es für Juden, die an Jesus als ihren Messias glauben, keine einheitliche Bezeichnung gibt. Sollen wir den Begriff „messianische Juden" verwenden oder lieber „jüdische Christen" oder „christliche Juden"?

„Also, ich bin in einer gläubigen Familie aufgewachsen und habe als Kind eine Zeit lang die Gottesdienste in der Baptistengemeinde besucht. Deshalb ist es mir lieber, wenn man mich als Christin bezeichnet. Weil ich aber als Jüdin geboren bin und zu einer messianischen Gemeinde gehöre, bin ich natürlich auch messianische Jüdin. Als wir in den USA wohnten, gingen wir in eine messianische Gemeinde, aber dort hatte man nichts für die Araber übrig. Das gefiel mir nicht. Natürlich sind die Leute dort vom Konflikt zwischen Israelis und Palästinensern nicht direkt betroffen. Deshalb ist ihre Meinung über diese Sache wohl auch nicht maßgebend."

Tamar sah aus dem Fenster, während sie sprach. Ihren Teebecher hielt sie mit beiden Händen fest und stellte ihn zwischen die Falten ihres Kleides. Sie erzählte mir, dass sie vor einigen Jahren bei Musalaha als Sekretärin gearbeitet habe und sich noch immer in der Frauenarbeit engagiere. Ihre erste Begegnung mit der Organisation hatte sie vor etwa zehn Jahren. Eine Freundin hatte Tamar und ihre Schwester zu einer Wüstentour eingeladen.

„Vor dieser Zeit hatte ich so gut wie keine persönlichen Kontakte zu Palästinensern", sagte sie. „Na ja, das stimmt nicht ganz", korrigierte sie sich. „An einer Sommerfreizeit für Jugendliche hat ein israelisch-arabisches Mädchen teilgenommen. Aber weil wir auf der israelischen Seite aufwuchsen, waren unsere Gefühle gegenüber Palästinensern im Allgemeinen von Angst und Hass geprägt."

Sie wandte ihren Blick vom Fenster ab und sah in ihren Teebecher. Ihr kurzes Auflachen klang fast spöttisch.

„Aber das ist im Grunde genommen unwesentlich, weil ich in Wirklichkeit keine Araber kannte; aber ich war trotzdem immer der Meinung, dass es verkehrt ist, wenn man Vorurteile hat."

Obwohl Tamar wusste, dass Rassismus unmoralisch ist, zögerte sie mit ihrer Anmeldung zu der Wüstentour vor zehn Jahren, einer Reise, die in den Süden nach Eilat führen sollte, über die Grenze nach Jordanien und dann in den Norden ins Wadi Rum.

„Bevor ich fuhr, war ich mir sehr unsicher. Ich war ziemlich nervös. Wir kannten noch nicht einmal die Juden (gemeint sind messianische Juden; d. Übers.), die mitfuhren. Während der Reise wurde ich gerade mal zwanzig. Ich erinnere mich noch an eine junge Palästinenserin, die versuchte, während der Busfahrt die Atmosphäre mit einem Witz aufzulockern, aber wegen der Sprachbarriere ließ sich das, was sie sagte, nicht so gut übersetzen. Deshalb verstanden wir nicht, was daran so witzig war. Das war schon ein bisschen peinlich."

Sie lächelte wieder und fuhr sich mit der Hand über die Stirn. „Die Fahrt nach Eilat dauert lange."

Der erste Tag der Tour war noch unangenehmer als der missverstandene Witz, sagte Tamar, und zwar nicht wegen eines Konflikts, sondern weil niemand wusste, in welcher Sprache man mit den anderen reden sollte. Die Israelis fühlten sich natürlich zueinander hingezogen, und auch die Palästinenser bildeten ihre eigene Gruppe. Aber als die gemeinsamen Aktivitäten begannen, spielte die Volkszugehörigkeit der Teilnehmer keine Rolle mehr.

„Die fünf Tage in der Wüste waren so was wie ein Türöffner zu den anderen. Es hat klein angefangen, mit einer kurzen Vorstellung und so weiter. An den Abenden trafen wir uns zu Zweiergesprächen, um etwas über uns selbst zu erzählen. Und so sind wir uns langsam, ganz langsam nähergekommen. Ein paar junge Frauen spielten Karten, und ich kann dir sagen, ich bin ein großer Fan von Kartenspielen."

Auf dem Rückweg nach Eilat verbrachte die Gruppe eine Nacht in Aqaba am Roten Meer. Nach den organisierten Begegnungen und Vorträgen der letzten Tage hatte die Gruppe jetzt mehr Freizeit. Man konnte miteinander Spaß haben, die Zeit mit Schwimmen und Schnorcheln verbringen. Nachdem die Mauer der Feindschaft oder auch der Verlegenheit durchbrochen war, entstanden Freundschaften. Auch Tamar fand eine neue, besondere Freundin.

„Ich habe Shadia Qubti näher kennengelernt, eine israelische Araberin aus Nazareth. Sie war in meinem Alter und sie sprach fließend Englisch und Hebräisch, weil sie die israelische Staatsbürgerschaft hat. Wir sind an dem Abend lange aufgeblieben und haben uns am Pool des Hotels unterhalten, als alle anderen schon in ihren Betten lagen. Da habe ich gemerkt, dass sie gar nicht so anders ist als ich. Wir haben unsere E-Mail-Adressen ausgetauscht und uns versprochen, in Kontakt zu bleiben. Manchmal nimmt man sich so etwas zwar vor, aber dann macht man es doch nicht. Aber wir meinten es wirklich ernst."

Die beiden Freundinnen besuchten sich gegenseitig, und ihre Freundschaft wurde fester. Die anderen jungen Frauen, die sich während der Wüstentour kennengelernt hatten, verloren sich aus den Augen, aber die Verbindung zwischen Shadia und Tamar blieb bestehen.

„Ich habe durch unsere Freundschaft viel gelernt. Vorher wusste ich fast gar nichts über Palästinenser. Shadia erzählte mir etwas von ihrer Geschichte, von der *Nakba* – du weißt ja, was das ist – und davon, wie die Palästinenser, die hier im Land leben, Israel sehen. In den israelischen Schulen hat man uns die patriotische Version der Geschichte erzählt, so nach dem Motto: ‚Hurra, wir haben endlich einen eigenen Staat!' Wir nennen das Unabhängigkeit und die anderen nennen es *Nakba* – Katastrophe. Diese andere Erzählweise über die historischen Ereignisse hat mir die Augen geöffnet."

Tamar nahm unsere leeren Becher mit in die Küche. Ich hörte das Rauschen des Wasserhahns und ein leises Klirren, als sie die Becher in die Spüle stellte. Sie ging an der Treppe vorbei und rief etwas nach oben, um sich zu vergewissern, dass die Kinder nichts angestellt hatten. Dann ließ sie sich wieder auf die Couch fallen. Sie wirkte müde und sogar ein bisschen traurig.

„Als ich von der Wüstentour zurückkam, war ich fast linksradikal in meinen Ansichten. Ich hatte meine Zweifel an Israel und machte mich für die Rechte der Palästinenser stark. Meine Eltern stehen politisch sehr weit rechts. Sie sind in dieses Land gekommen, weil sie glauben, dass Gott die Juden hier haben will. Schließlich haben wir nicht mehr über diese Themen geredet. Aber inzwischen bin ich gemäßigter geworden. Ich glaube auch, dass ich hierher gehöre."

Sie starrte wieder aus dem Fenster. Ihre Augen blinzelten, obwohl die Sonne inzwischen hinter einer Wolkendecke verschwunden war und das gedämpfte Licht blassgrau durch die Gardinen schimmerte. Tamar schien sich plötzlich unbehaglich zu fühlen. Vielleicht konnte sie die Vielschichtigkeit dieses Konflikts gedanklich nicht bewältigen. Sie blinzelte wieder, als sie merkte, dass sie blicklos aus dem Fenster gestarrt hatte. Dann räusperte sie sich, bevor sie wieder ins Zimmers schaute.

„Ich habe versucht, neutraler zu sein, aber in dieser Sache gibt es keinen neutralen Standpunkt. Für mich steht fest, dass es hier nicht darum geht, neutral zu sein, sondern darum, die Situation so zu sehen, wie Jesus sie sieht." Mit unsicherer Stimme fügte sie hinzu: „Das glaube ich wenigstens."

Shadia Qubti saß im gedämpften Licht eines Cafés über dem Marienbrunnen in Nazareth. Eine Treppe führte nach unten in einen Raum mit Tischen und Sitznischen. Außer uns saßen nur wenige Gäste in dem ruhigen Raum. Die elektrische Beleuchtung war ausgeschaltet, aber es fiel genügend Tageslicht in den Raum. Auf den Tisch fiel mit Licht und Schatten der Umriss des Fensterrahmens, und Shadia zog die Linien mit dem Zeigefinger nach, während wir auf unsere Getränke warteten. Das Licht ließ die vielfarbigen Perlen ihrer Halskette aufleuchten. Ihr Nasenring war nur andeutungsweise zu erkennen, als sie sich von dem Lichtstrahl wegdrehte. Ihr dunkles, lockiges Haar hatte sie zu einem Pferdeschwanz zusammengebunden. Sie trug eine Brille. Sie wirkte stark und selbstbewusst, wie ein Mensch, der seine Grenzen und Möglichkeiten erkannt und akzeptiert hat.

Shadia war in Nazareth in einer baptistischen Familie aufgewachsen, als jüngstes von sechs Kindern. Ihre Mutter war in einem Waisenhaus groß geworden, zusammen mit anderen Opfern des Krieges von 1948 (dem israelischen Unabhängigkeitskrieg, der zur Vertreibung vieler Palästinenser führte). Sie und Shadias Vater hatten sich dort kennengelernt. Er war Lehrer an der baptistischen Schule, die dann auch Shadia und ihre Geschwister besuchten. Shadia hatte immer großes Interesse an Mathematik und Physik. Auch in der Schülervertretung engagierte sie sich und wurde sogar in den Schulvorstand gewählt. Sie musste einfach etwas tun, erzählte sie, weil es in Nazareth nicht viele Möglichkeiten für junge Menschen gab. Mit ihren Freundinnen ging sie ab und zu ins Kino oder auch in das Einkaufszentrum in Nazerat Illit, dem wohlhabenderen jüdischen Stadtteil.

Shadia wuchs dreisprachig auf. Einer ihrer Brüder heiratete eine junge Frau aus Nordirland, ein anderer eine Schwedin. Sie hat eine jüdische Tante, die allerdings keine Blutsverwandte ist, sondern ihre Mutter vom Waisenhaus her kennt.

„Wir sind ganz schön multikulturell", sagte sie mit einem schelmischen Lächeln.

Sie verbrachte viel Zeit bei dieser Tante in Rehovot, einem Vorort von Tel Aviv. Dort lernte sie Englisch. Wenn sie und ihre Geschwister in diesem Vorort Arabisch sprachen, dämpften sie immer ihre Stimmen zu einem Flüstern.

„Wenn ich auf meine Kindheit zurückblicke, hat es schon ein paar Vorfälle gegeben", sagte sie und lehnte sich abrupt zurück. Sie stützte sich mit einem Arm auf dem Tisch ab. „Einmal bin ich zusammen mit meinen Geschwistern auf einem Spielplatz auf eine Rutsche geklettert. Wir haben Arabisch gesprochen. Ein Mädchen hat uns die Zunge rausgestreckt und ‚stinkende Araber' oder so was Ähnliches gesagt."

Shadia verdrehte die Augen und fügte hinzu: „Wahrscheinlich habe ich ihr geantwortet, indem ich auch die Zunge rausgestreckt habe."

Als sie im Teenageralter war, machte ihre Familie einmal Urlaub in Eilat am Roten Meer. Sie und ihr Cousin gingen zum Schnorcheln an den Strand. Ihr Cousin schwamm weiter hinaus als sie. Ein paar Israelis flirteten gerade mit einer jungen Frau. Sie ließen sich zwischen Shadia und ihren Cousin treiben. Shadias Cousin rief ihr zu, sie solle ihm den Schnorchel zuwerfen, aber in diesem Moment kam eine Brise auf, und Shadia traf aus Versehen das Gesicht der Israelin.

„Einer von den Israelis war total sauer deswegen", sagte sie und stützte ihr Kinn auf die verschränkten Finger.

„Wenn ich jetzt auf Hebräisch geantwortet hätte, hätte er meinen starken arabischen Akzent gehört. Dann hätte er sich über mich lustig gemacht, um bei der jungen Frau Eindruck zu schinden. Also habe ich Englisch gesprochen und so getan, als wäre ich eine amerikanische Touristin. Wie die meisten israelischen Juden fand der Typ Amerika ganz toll und damit war die Situation gerettet."

Ein paar Jahre später studierte Shadia Maschinenbau an der Technischen Universität in Haifa. „Damals waren gerade diese Bombenanschläge passiert. Ich saß in der Mensa und ein jüdischer Student redete davon, dass er am liebsten alle Araber umbringen wollte. Ich habe mich innerlich ganz klein gemacht, weil ich nicht wollte, dass jemand seine Wut an mir ausließ. Ein paar Wochen vorher hatten israelische Polizisten meinen fünfzehn Jahre alten Cousin zusammengeschlagen. Sie hatten nach Jugendlichen gesucht, die Steine geworfen hatten. Mein Cousin war einfach nur weggerannt. Deshalb haben sie ihn festgenommen und verprügelt. Erst eineinhalb Stunden später haben sie seine Eltern informiert. Aber Israel will ein demokratischer Staat sein."

Wieder verdrehte sie die Augen. Dann schüttelte sie den Kopf. „Irgendwann ist man so weit, dass man das alles einfach so hinnimmt. Palästinenser haben schon ihre Ausweise in der Hand, bevor sie am Kontrollpunkt ankommen. Warum machen sie so was? Ich warte immer, bis sie meinen Ausweis verlangen. Ich muss ihn doch nicht schon vorher rausholen, bloß weil ich Araberin bin. Weil man mich in Israel wie eine Bürgerin zweiter Klasse behandelt, muss ich mich noch lange nicht in dieses Schema pressen lassen. Die Diskriminierung ist schon schlimm genug, aber schlimmer noch ist diese Selbstdiskriminierung, wenn man in die Opferrolle schlüpft und sich mit dem Platz, der einem zugewiesen wird, abfindet.

Ich finde, ich habe trotz der Diskriminierung und der im System verankerten Ungerechtigkeit sehr viel erreicht. Vielleicht liegt das auch daran, dass ich Christin bin und nicht Muslimin. Deshalb stellt sich die Frage nach der Identität immer wieder neu. Du liebe Zeit, jeder hier im Land hat Probleme mit der Identität! Also, ich bin Palästinenserin, aber ich bin auch israelische Bürgerin. Ich bin Christin und keine Muslimin. So fügt man ständig neue Schichten zu seiner Identität hinzu, bis man überhaupt nicht mehr weiß, wer man ist.

In den 1990er-Jahren war ich ein Teenager. Damals ist das Oslo-Abkommen gescheitert, und ständig passierten diese schrecklichen Selbstmordattentate. Viele Leute wünschten den Arabern den Tod, aber ich wollte damals von anderen akzeptiert werden. Also leugnete ich meine palästinensische Identität. Hier in diesem Land kann man mit seiner Identität spielen, vor allem als palästinensische Christin mit israelischer Staatsbürgerschaft. Ich wusste nicht mehr so recht, wer ich eigentlich bin.‟

Nazareth ist die größte palästinensische Stadt in Israel. Jedes Jahr veranstaltet die Stadtverwaltung einen Generalstreik, den „Tag des Landes", als Zeichen der Trauer über die damalige und noch immer stattfindende Beschlagnahmung von Land. Und fast jedes Jahr schreitet die israelische Polizei ein. Jugendliche werfen Steine und die Polizisten jagen die Steinewerfer. Das sei typisch, meinte Shadia, und es geschehe jedes Jahr aufs Neue.

„Das Bild, das ich von Israelis hatte, lässt sich mit einem Satz umschreiben: ‚Die Polizei jagt dich.' Die Polizisten fangen Jugendliche und manchmal verprügeln sie Kinder. Aber ich brachte dieses Bild nie in Verbindung mit meiner jüdischen Tante in Tel Aviv. Ich merkte, dass sie anders war. Bis in die 1980er-Jahre hinein, als Israel allmählich die PLO anerkannte, verstießen Palästinenser gegen das Gesetz, wenn sie eine palästinensische Flagge hissten oder ihren Nationalismus in aller Öffentlichkeit demonstrierten.

Deshalb wuchsen wir auf, ohne besonders viel über unsere eigene Geschichte zu wissen. In der Schule wurde uns die Geschichte Israels vermittelt. Als ich mit dem Studium von Literatur über die *Nakba* begann und mir einen Dokumentarfilm über ein Massaker im Jahr 1956 ansah, machte mich das nachdenklich. Ich war auch hin- und hergerissen zwischen politischem Engagement und Engagement in der Gemeinde. In meiner Kindheit und Jugend waren diese beiden Bereiche immer strikt getrennt. Der Hass nahm mich zu sehr mit und ich wusste nicht, wie ich das alles miteinander vereinbaren sollte."

Also entschied sie sich gegen den Hass. Aber trotzdem blieb in ihr diese tiefe Sehnsucht nach Veränderung, das Gefühl, dass politisches Engagement und religiöse Überzeugung sich doch nicht gegenseitig ausschlossen. Sie erzählte mir, dass sie begonnen hatte, diesen Weg zu beschreiten, als sie mit neunzehn Jahren zum ersten Mal an einer Wüstentour von Musalaha teilnahm.

Über messianische Juden wusste sie nichts, und so war sie überrascht, als Freundschaften entstanden. Von besonderer Bedeutung für sie war am letzten Abend die Begegnung mit einem Mädchen namens Tamar. Die beiden unterhielten sich auf Englisch und Hebräisch. Sie redeten nicht über abstrakte politische Theorien, sondern über ihre eigenen konkreten Erlebnisse. Shadia war fasziniert von Tamars Erfahrung in der Armee. Für Shadia war die Armee ein Instrument der Unterdrückung. Ihrer Meinung nach hatten alle Soldaten eine sadistische Freude an Schikanen und Diskriminierung. Aber Tamar hasste den Militärdienst, diesen Zwang, dem Staat zu dienen und sich den Hass auf Palästinenser einimpfen lassen zu müssen.

„Sie erklärte mir, dass viele Soldaten eigentlich Jugendliche sind", sagte Shadia. Ihre Stimme klang so, als ob ihr diese Erkenntnis gerade käme. „Und dass diese Jugendlichen Angst haben. Tamars Selbstvertrauen, diese Gewissheit darüber, wer sie war, nämlich Jüdin, messianisch, was auch immer …", wieder spielte ein Lächeln um ihre Lippen, „dieses Selbstvertrauen hat bewirkt, dass ich mich intensiver mit meiner eigenen Identität befasst habe."

Zwei Jahre nach dieser Begegnung brach die zweite Intifada aus. Die israelische Polizei zeigte in Nazareth eine stärkere Präsenz als bisher am „Tag des Landes". Auf den Dächern waren Scharfschützen postiert, und Jeeps patrouillierten durch die engen Gassen. Shadia verfasste Massenmails, in denen sie die Geschehnisse in ihrer Heimatstadt schilderte.

Sie deutete aus dem Fenster des Cafés auf den großen Platz um den Marienbrunnen herum. Dort sei ein Demonstrant von Scharfschützen erschossen worden – mit Gummimantelgeschossen. Ihr Onkel wurde von einem Gummigeschoss getroffen, als er auf das Dach seines Hauses steigen wollte. Glücklicherweise hatte er den Arm über die Brust gelegt. Tamar erhielt alle diese E-Mails.

„Das, was ich Tamar erzählte, stimmte nicht mit dem überein, was sie im Fernsehen sah. Meistens wurde berichtet, dass ein Soldat verletzt war, aber die vielen verletzten Araber wurden nicht erwähnt. Ihre Eltern wohnen in Israel – nicht, weil es sich dort gut leben lässt, sondern aus ideologischen und religiösen Gründen. Sie wollten das, was ich sagte, nicht gelten lassen. Ich glaube nicht, dass sie mich als Lügnerin bezeichnet haben, aber das, was ich sagte, passte einfach nicht zu dem, was sie glauben mussten, um in diesem Land leben zu können. Aber ich glaube, bei Tamar fiel der Groschen. Sie erkannte, dass da etwas nicht stimmte. Wir haben uns gegenseitig gefordert. Ich glaube, die Arbeit von Musalaha hat diese Wirkung. Man kann es nicht genau erkennen, aber man weiß, wann es geschieht."

Shadia arbeitete einige Jahre lang als Projektleiterin für Musalaha, aber sie wusste, dass sie in den Bereichen Frieden und Konfliktlösung mehr Qualifikation benötigte. Dann bot man ihr ein Stipendium für einen Magisterabschluss in Friedensforschung und Konfliktlösung an der Universität von Dublin an. Der Schwerpunkt ihrer Studien und ihrer Magisterarbeit lag auf Israel und Palästina. Ihre intensive Geschichtsforschung und Analyse der gesellschaftlichen Strukturen ermöglichten es ihr, endlich die ganze Geschichte ihres Volkes zu enthüllen. Ihre Erkenntnisse gaben ihrem Selbstvertrauen einen neuen Schub. Endlich ergaben die Puzzleteile ihrer Herkunft ein klares Bild. Zum ersten Mal begann sie, ihr kulturelles Erbe begeistert anzunehmen, auch alle Facetten ihrer Identität als Christin, Palästinenserin und israelischer Bürgerin.

In dem einen Jahr in Dublin zog sich Shadia aus dem Gemeindeleben zurück, um ein wenig Distanz zu gewinnen von der „Übersättigung durch die Arbeit bei Musalaha und den Umgang mit anderen religiösen Gruppierungen". Sie begegnete Menschen, die sich auch ohne religiöse Überzeugung mit vollem Einsatz für Gerechtigkeit und Menschenrechte engagierten. Die Begegnung mit (un-)gläubigen Fremden, die Gespräche über den Glauben und den Sinn des Lebens, die wissenschaftliche Auseinandersetzung mit der Geschichte ihres Volkes – das alles führte dazu, dass sie sich selbst besser kennenlernte.

„Ich erkannte, dass der Glaube eine positive Wirkung hat, zumindest auf mich, und prägend ist für meine Sicht der Dinge. Natürlich gibt es auch Christen, die in einem religiösen Vakuum leben und so tun, als ob die Welt um sie herum nicht existiert. Meine Weltanschauung ist jedoch anders. Schließlich sollen wir doch das Salz der Welt sein."

Rasch fügte sie hinzu: „Aber wenn man zu viel Salz auf etwas streut, geht es kaputt."

Shadia glaubt nicht an einen raschen Wandel. Die Berichterstattung in den Medien ist ihrer Meinung nach zu einseitig und fast immer zugunsten Israels. Aber trotzdem wollte sie nicht in Irland bleiben.

„Ich wusste, dass ich zurückkommen würde." Ihre Stimme klang fest. „Ich hatte schon sehr bald großes Heimweh. Die Frage war nur: Was sollte ich machen, wenn ich wieder zu Hause war? Wie sollte ich die theoretischen Erkenntnisse in die Praxis umsetzen? Ich hatte Jerusalem verlassen, weil ich in Dublin studieren wollte, und jetzt wollte ich zurück nach Nazareth, in meine Heimatstadt, um das Gelernte weiterzugeben. Momentan kann ich noch nicht so deutlich erkennen, was meine Aufgabe sein soll, aber ich möchte mich weiter für Frieden und Versöhnung engagieren. Besonders seit Oktober 2000 wird meine Identität für mich immer deutlicher. Jetzt muss ich nur noch mein Wissen in die Tat umsetzen. Ich bin davon überzeugt, dass die israelischen Palästinenser eine wichtige Rolle in dem Konflikt haben. Die Frage ist nur, wie wir diese Rolle ausfüllen können. Wir kennen beide Kulturkreise, wir sprechen beide Sprachen. Entscheidend ist, dass wir eine Brücke zwischen den Fronten sein können. Das kann unsere echte Identität sein."

Vielleicht ein Anfang

In großer Eile stieg ich im Jerusalemer Stadtteil Mevasseret Zion aus dem Egged-Bus. Vor dreißig Minuten hatte der Bus in Jerusalem den Busbahnhof verlassen und war in westlicher Richtung aus der Stadt herausgefahren, durch die kegelförmigen Hügel, die mit Fichten und Kiefern bewachsen waren. Nur ein paar Minuten später war der Bus von der Fernstraße abgebogen. Zunächst war es bergab und dann bergauf gegangen. Ich war überrascht, wie schnell wir in Mevasseret Zion ankamen. Mich überraschte es immer wieder, wie kurz die Wege in diesem Land sind.

Ich war noch nie in diesem Ort gewesen und wusste nicht so genau, wohin ich fuhr. Nervös rutschte ich bis zur Kante meines Sitzes. Ich hatte Angst, mich zu verirren. Aber bevor der Bus wieder anfuhr, sah ich aus dem Augenwinkel ein Café. Mit einem erleichterten Seufzer stieg ich aus. Dann merkte ich, dass ich über eine Stunde früher als verabredet da war. Ich wollte mich mit Rittie Katz treffen, einem Vorstandsmitglied von Musalaha. Also setzte ich mich auf der anderen Straßenseite gegenüber dem Café auf eine Parkbank und las in einem Buch weiter. Danach überquerte ich zerstreut die Straße und wartete auf der Terrasse des Cafés.

Fünf Minuten später stürmte Rittie um die Ecke. Ihr dunkles Haar stand wild um ihr stolzes ovales Gesicht. Sie trug eine Lesebrille an einer langen Kette um den Hals. Ich stand auf, um sie zu begrüßen. Sie erwiderte fest meinen Händedruck und sah mir direkt in die Augen, bevor sie sich hinsetzte. Sie war heiter und mitteilsam, aber sie wirkte auch ruhig und entschlossen, während sie mit einem New Yorker Akzent sprach. Ihre Worte waren bewusst gewählt und geradlinig, und sie sprach mit gedämpfter Stimme, nicht aus Angst vor unerwünschten Zuhörern, sondern weil sie sich auf diese Situation und mich, ihren Gesprächspartner, konzentrieren wollte.

Rittie kam erst auf das Thema unseres Interviews zu sprechen, nachdem sie mir ein paar persönliche Fragen gestellt hatte. Sie wollte wissen, woher ich kam, was ich studiert hatte, warum ich in diesem Teil der Welt gelandet war und was ich als Nächstes machen wollte. Rittie war offenbar nicht so sehr an einem professionell geführten Interview mit einem unbeteiligten Journalisten interessiert, sondern vielmehr an einem freundlichen Gespräch mit einem echten Gegenüber.

Die Kellnerin stand jetzt neben unserem Tisch. Rittie hielt ihre Lesebrille an die Augen und überflog die Speisekarte wohl eher aus Höflichkeit als aus Interesse, bevor sie auf Englisch bestellte. Auch nach achtzehn Jahren seien ihre Hebräischkenntnisse längst nicht so gut, wie sie sein sollten, erklärte sie mir.

Rittie war in einem säkularen Elternhaus in den USA aufgewachsen. Ihre Eltern gehörten zum Reformjudentum und hatten nur wenig Interesse an Gott oder Israel, aber sie engagierten sich stark für die Menschenrechte. Rittie hatte schon früh ein Herz für die Außenseiter und Unterdrückten der Gesellschaft. Nachdem sie als Erwachsene in den Nahen Osten umgezogen war, wusste sie, dass sie hier in diesem Land anders sein wollte und musste. „Von Anfang an war mir klar, dass wir den Palästinensern die Hand reichen müssen. Ich wollte ein Teil der Lösung und nicht des Problems sein."

An der Universität beschäftigte sich Rittie mit den unterschiedlichen Religionen und Philosophien, auch mit ihrem eigenen religiösen Erbe. Und dann sah sie den Film *Jesus von Nazareth* von Franco Zeffirelli. Sie war fasziniert von der Darstellungsweise und der Geschichte, die in ihrer eigenen, uralten Tradition verankert war.

„Ich fühlte mich auf seltsame Art hingezogen zu diesem Mann, zu seinen Augen, die einen direkt anzusehen schienen."

Ritties Stimme wurde leiser und sie hob eine Hand. Ihre Finger bildeten einen Kreis. Dann musste sie lachen. „Und ich dachte, ich werde verrückt. Ich war doch Psychologiestudentin!"

Die Kellnerin brachte Rittie einen Cappuccino oder Mokka oder so etwas Ähnliches und mir einen Orangensaft. Rittie nippte vorsichtig an ihrem Kaffee, weil sie ihren hellen Lippenstift nicht verschmieren wollte. Hinter uns, neben dem Eingang des Cafés, bohrten Arbeiter den Bürgersteig auf. Jedes Mal, wenn sie den Bohrer bedienten, erzitterte der Beton von dem maschinengewehrartigen Lärm, und jedes Mal zuckte Rittie vor Schreck zusammen und kniff frustriert die Augen zu.

Vor achtzehn Jahren wanderten Rittie und ihr Mann nach Israel ein, mit einem dreijährigen und einem fünfzehn Monate alten Kind. Sie erwartete damals ein drittes und später kam noch ein viertes Kind dazu. Schon bald nach ihrer Einwanderung ging sie mit ihren kleinen Kindern in einen Park in der Nähe ihres Hauses. Ein Araber saß allein auf einer Bank bei den Schaukeln. In der Hand hielt er einen Besen. Sie sagte nichts, weil sie kein Arabisch sprach und so gut wie kein Hebräisch. Vor ihrer Ankunft in Israel hatte sie sich vorgenommen, den Außenseitern der Gesellschaft die Hand zu reichen. Schließlich war sie von ihren Eltern so erzogen worden. Aber als sich jetzt die Gelegenheit dazu bot, dachte sie an die in der westlichen Welt verbreiteten Vorurteile und die Bilder in den Medien. Sie bekam Angst, nahm ihre Kinder an die Hand und wollte sich auf den Heimweg machen.

Aber dann hielt sie inne.

„Und ich sagte mir: ‚Ich will nicht in Angst leben‘, und so setzte ich mich neben ihn und sagte: ‚Hallo!‘ Für den jungen Mann war das vielleicht ein Schock, als ihn diese jüdische Frau in aller Öffentlichkeit ansprach, und auch noch auf Englisch!"

Aber er reagierte überraschend freundlich. Die Freundlichkeit der fremden Frau schien ihn nicht zu beunruhigen. Sie begannen ein Gespräch. Rittie erfuhr, dass der junge Mann neunzehn Jahre alt war und vor Kurzem wegen der ersten Intifada die Schule abgebrochen hatte, um seiner Familie mit seinem geringen Verdienst als Straßenkehrer zu helfen.

„In meinem Kopf hatte ich noch das Bild, das mir die Medien vermittelten, und dann musste ich feststellen, dass es nicht stimmte", sagte Rittie. „Es war sogar grundfalsch."

Rittie kam mit ihren Kindern regelmäßig in den Park. Ihr neuer Freund grüßte sie immer. Dann hob er ihre Kinder hoch und spritzte ihre kleinen Füße mit einem Wasserschlauch ab, bevor er sie wieder in den Kinderwagen setzte. Im Laufe der Jahre lud sie ihn immer ein, wenn es eine Bar-Mizwa oder etwas anderes zu feiern gab. Heute, achtzehn Jahre später, ist er noch immer ein guter Freund der Familie.

Salim Munayer, israelisch-palästinensischer christlicher Theologe und spätere Gründer von Musalaha, war ebenfalls mit Ritties Familie befreundet. Ihre Kinder wuchsen gemeinsam mit Munayers Kindern auf. Als ihr

Sohn Rafi in der vierten Klasse war, sprach die Lehrerin („diese sogenannte Pädagogin", platzte Rittie wütend heraus) vor der ganzen Klasse schlecht über Palästinenser. Sie seien ihre Feinde, erklärte sie. Rafi meldete sich und sagte, sein bester Freund sei Palästinenser. Die ganze Klasse schwieg. Als die Lehrerin sich von ihrem Schrecken erholt hatte, warnte sie ihn: Er solle sich vor Arabern in Acht nehmen. Rafi erwiderte, dass er sich wohl mehr vor der Lehrerin in Acht nehmen müsse.

Rittie wusste von Salims Leidenschaft und seiner Vision für Musalaha. Sie wollte sich ebenfalls für Frieden und Versöhnung engagieren. Deshalb machte sie bereits bei den ersten kleinen Gruppen mit. Sie war überrascht, wie beide Seiten über ihren gemeinsamen Glauben zusammenfanden. Diese Gemeinsamkeit zieht sich wie ein roter Faden durch die Arbeit von Musalaha.

„Ich hatte eine enge Verbindung, von Herz zu Herz, zu einer Palästinenserin namens Salwa", erzählte Rittie. Sie war Salwa bei einem Frauentreffen von Musalaha begegnet. Jetzt sprach Rittie lauter, um den Lärm des Betonbohrers zu übertönen. Hinter ihr flogen die Funken und es sah aus meinem Blickwinkel so aus, als ob ihr Haar anfangen würde zu brennen.

„Salwa ist wie diese Figuren in der Serie *Raumschiff Enterprise*." Ihre Stimme klang begeistert, aber mein ausdrucksloser Blick zeigte ihr, dass ich keine Ahnung hatte, was sie damit meinte. „Na ja, das sind diese Figuren, die das Leid anderer Leute auf sich nehmen können."

Damals hatte ich nur wenige Folgen von *Raumschiff Enterprise* gesehen, erst kurz nach diesem Interview sah ich in meiner Wohngemeinschaft weitere Folgen von der Serie an. Dann verstand ich den Sinn von Ritties Worten.

„Jedenfalls litt Salwa mit ihrem Volk, und ich litt mit ihr. Dieser Konflikt ist wie eine dieser Zeichnungen von Figuren, die entweder eine alte Frau oder ein Kaninchen oder so darstellen können. Beide Wahrnehmungen sind vorhanden, und das habe ich durch die Begegnung mit Salwa verstanden."

Rittie arbeitet heute als Sonderschullehrerin an einer hauptsächlich muslimischen Schule in Beit Hanina, einem palästinensischen Viertel im Norden von Jerusalem.

„Ich wollte mir mit dieser Arbeit einen Herzenswunsch erfüllen, und ich möchte hier etwas bewirken, so wie ich es in meinen Gebeten immer wieder sage", erklärte sie. „Natürlich erwarte ich nicht, dass ich in Beit Hanina die Welt verändere, aber vielleicht kann ich wenigstens den Boden vorbereiten und ein paar Samenkörner hineinlegen."

Ihre Arbeit in der Schule ist nicht einfach. Häufig hört sie antisemitische Äußerungen und gehässige Bemerkungen, weil alle Israelis als monolithischer Block angesehen werden. Einer ihrer Schüler redete ständig über Politik. Sein Vater ist ein begeisterter Anhänger der *Hamas*, und so sprach der Schüler verächtlich über Juden, über alle Probleme, die sie verursacht hätten und noch immer verursachten. Der Junge erinnerte Rittie an Rafis Lehrerin. Rittie saß ihm gegenüber an ihrem Schreibtisch. Sie schwieg zu den Vorwürfen, weil sie nicht so recht wusste, was sie sagen sollte.

Der Schüler besuchte sie immer wieder in ihrem Büro, und seine Hasstiraden wurden immer schlimmer. Schließlich sagte Rittie: „Weißt du, ich bin Jüdin."

Der Junge sank überrascht auf seinen Stuhl zurück. Offenbar gingen ihm seine vielen Hassreden durch den Sinn. Zunächst schwieg er und dann stellte er Rittie auf die Probe. Er wollte von ihr wissen, was sie über „diesen sogenannten Krieg" in Gaza dachte. Rittie zögerte keine Sekunde mit ihrer Antwort. Sie finde es abscheulich, dass so viele Menschen sterben müssten, und das Leid der Menschen in Gaza zerreiße ihr das Herz. Nach diesem Gespräch hatte der Junge eine andere Meinung über Juden, zumindest über diese eine Jüdin.

„Ich erinnere mich noch daran, als die Kämpfe in Gaza begannen", sagte sie. „Eines Tages kam ich nach Hause und hörte, wie eine Nachbarin laut schrie und heulte, weil ihr Neffe, ein Soldat, in Gaza umgekommen war. Ein paar von meinen Bekannten hatten Kinder, die dort auch stationiert waren. Ich habe auch ihr Leid geteilt. Sollte ich am nächsten Tag in die Schule gehen? Ich war mir nicht sicher, ob ich die schrecklichen Geschichten hören wollte. Vielleicht hatte ich auch Angst vor Hass oder Ablehnung."

Rittie schüttelte den Kopf, während sie mit mir sprach. Dann hob sie trotzig das Kinn. „Aber wie damals vor achtzehn Jahren auf dem Spielplatz ist mir wieder klar geworden, dass ich nicht in Furcht leben wollte. Also bin ich in die Schule gegangen."

Als Rittie zur Schultür hereinkam, sah sie eine der muslimischen Lehrerinnen. Sie riss erstaunt die Augen auf. Dann rannte sie zu ihr und umarmte Rittie. „Du bist ja doch gekommen!", rief sie laut. Aber andere Begegnungen gestalteten sich schwieriger. Rittie bekam mit, wie Schüler von den Zerstörungen durch die Angriffe der israelischen Armee berichteten. Sie hörte auch, dass Schüler zu Gewalt gegen die Soldaten bereit waren.

„Ich musste das verstehen", sagte sie, während in ihren Augenwinkeln Tränen schimmerten. Sie wischte sie rasch weg und räusperte sich. „Für mich ist das sehr einfach. Ich habe nicht all diese philosophischen oder theo-logischen Erklärungen für das, was ich mache. Aber ich weiß, dass das Herz Gottes für die andere Seite schlägt, und deshalb sollte auch mein Herz für die andere Seite schlagen."

Dann befasste sich eine der Frauenkonferenzen von Musalaha mit diesem Thema, erzählte sie. Die Rednerin-nen waren eine Holocaust-Überlebende und eine Frau, die vor der *Nakba* (siehe S. 64) geflohen war. Beide Frau-en erzählten ihre Geschichte von Verfolgung und Verlust. Sie berichteten, wie sie sich weigerten, ihre Verfolger zu hassen und stattdessen den Weg der Vergebung gingen. Rittie bewunderte diese beiden Frauen.

„Ich versuche, den Weg der Versöhnung zu gehen", gab sie zu. „Manchmal scheint dieser Weg jedoch nir-gendwohin zu führen. Wohin wollen wir gehen, wenn wir vor schwierigen Situationen stehen, wenn auf *beiden* Seiten Menschen leiden und sich beide Seiten in ihrem eigenen Schmerz verzehren?"

Rittie beugte sich vor. Ihr dunkles Haar stand wild um ihr Gesicht herum. Sie hatte Zeigefinger und Daumen zusammengepresst, wie um ihren Worten Nachdruck zu verleihen.

„Aber ich bin davon überzeugt, dass Israel eine Be-stimmung von Gott hat und wir deshalb hier sein sollen. Das ist der Wille Gottes."

Einen Augenblick lang war es still. Der Lärm der Bau-maschinen war verstummt. In den Bäumen, die entlang der Gehsteige gepflanzt waren, war Vogelgezwitscher zu hören. Rittie erzählte mir, wie bei ihr vor Kurzem eine alte Freundschaft zerbrochen war. Sie erwähnte nicht, worum es bei dem Streit ging. Die Wunde war offenbar ganz frisch und sie trauerte über den Verlust. Sie habe zwar alles in ihrer Macht Stehende getan, um eine Versöhnung herbeizuführen, aber die Distanz zwischen ihnen beiden schien immer größer zu werden. Es sei eine Zeit voller Spannungen, murmelte sie. Sie frage sich, wann der richtige Zeitpunkt für eine Versöhnung sei und wann man einfach den Staub von den Füßen schütteln und seinen Weg weitergehen solle.

„Versöhnung kann es nicht in einem Vakuum geben", sagte sie und erhob die Stimme, während sie mich direkt ansprach. Ich wusste nicht so genau, ob sie über den Konflikt im Land sprach oder über die zerbrochene Freundschaft. Vielleicht ging es ihr um beides.

„Wir können uns nicht versöhnen, wenn wir uns nicht mit den vorhandenen Fragen und Problemen auseinandersetzen", fügte sie hinzu. „Wir müssen einander kennen und die anderen verstehen lernen. Wir müssen uns gegenseitig als Menschen sehen. Wenn wir Dinge einfach ignorieren, gerät der gesamte Prozess aus dem Gleichgewicht – wenn wir Probleme ignorieren, anstatt sie auszugraben und darüber zu sprechen. Das Ausgraben tut weh, weil du dich dabei selbst betrachten musst und erkennst, dass du ein Spiegelbild einer Gesellschaft bist, die Leid und Ungerechtigkeit aufrechterhält. Natürlich sind wir nicht die Einzigen, die sich auf diese Art schuldig machen. Aber wir können nicht abwarten, bis die andere Seite die ersten Schritte tut. Während wir am Unabhängigkeitstag die *Hatikva*, die israelische Nationalhymne, singen, ist es für die anderen der Gedenktag einer Katastrophe. Deshalb ist die Arbeit von Musalaha so wichtig. Hier haben wir ein Forum zum Diskutieren, zum Hören und Zuhören, zum gegenseitigen Verstehen. Vielleicht ist das ein Anfang für kleine Schritte. Vielleicht."

„Wie geht es deinem Sohn?"

Ungeduldig tippte ich mit der Fußspitze auf den Asphalt des Bürgersteigs, während ich wartete. Ich war später dran, als ich wollte, und es war meine Schuld. Ich war schon frühzeitig von Jerusalem aufgebrochen. Vom Büro von Musalaha in Talpiot war ich in einen Bus nach Netanya gestiegen. Sobald ich da war, rief ich meine Interviewpartnerin Rachel Feinburg an, damit sie Bescheid wusste. „Oh nein", rief sie aus. „Ich wohne in Kfar Saba. Das liegt in der entgegengesetzten Richtung, etwa zwanzig Minuten von Netanya entfernt." Ich hätte ihr besser zuhören sollen, als sie mir den Weg beschrieben hatte. Also musste ich einen Bus ausfindig machen, der zurückfuhr. Schließlich stieg ich an einem Einkaufszentrum im nahe gelegenen Kfar Yona aus. Das war für Rachel der günstigste Treffpunkt.

Ein kühler Wind wehte durch die Straße. Ich hatte gehofft, dass es in der Nähe der Küste wärmer wäre als in Jerusalem. Diese abendliche Kühle in Kfar Yona war für mich überraschend. Ich zog ein langärmeliges Hemd über und kauerte mich auf den Stufen vor dem Einkaufszentrum zusammen.

Die Dunkelheit täuschte. Es war noch ziemlich früh am Abend und viele Leute passierten die Glastüren. Kichernde Pärchen und ganze Trupps von Teenagern gingen um Kinderwagen herum und um Raucher, die mit anderen ein Schwätzchen hielten. Ich warf einen Blick über die Straße, als ein kleines, älteres Auto am Bürgersteig anhielt und die Fahrerin sich über den Beifahrersitz beugte. Ich sah, wie sie mir zögernd zuwinkte, und so beeilte ich mich, zu Rachels Fahrzeug zu kommen.

„Oh, da bin ich ja froh, dass du es tatsächlich bist", sagte sie. Sie sprach mit dem breiten nordenglischen Akzent. „Es wäre ja schlimm, wenn ich einen Fremden mitnehmen würde!"

Wir fuhren durch dunkle Straßen in ruhigen Wohnvierteln. Rachel machte mit mir eine kurze Rundfahrt durch den kleinen Ort. Die Schulen waren gut, und zwischen den Häuserreihen hatte man Spielplätze angelegt, weit weg von den Straßen. Rachel war sehr stolz auf dieses Wohngebiet, und sie war froh, dass es von bewachten Toren umgeben war. Mehrmals betonte sie, wie ruhig und sicher es hier sei.

Rachels Eltern kamen ursprünglich aus dem Industriegebiet im Norden Englands, wo Fabrikschornsteine wie künstliche Bäume aus den ehemals ruhigen Feldern ragten. Ihr Vater war bei der britischen Luftwaffe, und so zog die Familie in das grüne Hügelland von Nordirland, eine wunderbare Gegend für Kinder, meinte Rachel. Aber wegen der Bombenanschläge und Schießereien musste die Familie nach Schottland, als Rachel fünfzehn Jahre alt war. Drei Wochen nach ihrem Umzug explodierte in der Straße, in der ihr Vater stationiert war, eine Bombe. Der Stützpunkt und fünf weitere Häuser brannten bis auf die Grundmauern ab.

Rachel war einundzwanzig Jahre alt, als sie nach Israel kam. Sie mochte das feuchtkalte Klima in Großbritannien nicht und sie hat auch kein Heimweh nach diesem Land. Eine Zeit lang arbeitete sie in einem Kibbuz bei Akko. Dort lernte sie ihren Mann kennen. In den nächsten beiden Jahren lebte das Ehepaar in einem Minibus, mit dem es durch ganz Europa reiste. Nach ihrer Rückkehr arbeitete ihr Mann als jüdischer Leiter von Freizeiten und Konferenzen in der Begegnungsstätte *Baptist Village* in Israel. Vor etwa zwanzig Jahren bearbeitete er ein großes Metallfass mit einer Elektrosäge. Er wusste nicht, dass in dem Fass noch giftige Dämpfe waren. Die Funken von der Säge entzündeten die Dämpfe und verwandelten das Fass in eine Bombe. Rachels Mann war sofort tot.

Rachel blieb noch sechs Monate in der Begegnungsstätte. Dann zog sie mit ihren drei Kindern nach Kfar Saba. Dort absolvierte sie eine Lehrerausbildung. Dann lernte sie einen Mann kennen. Er war der Besitzer des Schwimmbads, das sie regelmäßig besuchte. Eins führte zum anderen, erzählte sie. Schließlich heirateten die beiden, und jetzt hat Rachel fünf Kinder.

Sie fuhr mit ihrem kleinen Auto auf einen schmalen Fahrweg. Dann stiegen wir aus und landeten im Vorgarten. Ohne Vorwarnung rannten zwei Hunde auf uns zu. Vier Pfoten drückten sich gegen meinen Bauch, vier glänzende Augen sahen mich treuherzig an und zwei feuchte Zungen leckten mir die Hände.

Ein paar weniger begeisterte Hunde, kleine Shelties, warteten drinnen und versammelten sich um meine Füße, als ich mich an den Küchentisch setzte. Rachels Familie züchtete Hirtenhunde von den Shetlandinseln. Sie hatten einen preisgekrönten Rüden aus Spanien. Die Trophäen aus vielen Wettbewerben standen auf den Regalen in der gemütlichen, einfach eingerichteten Küche. Rachel erzählte, dass Hundeliebhaber für das Vorrecht, ihre Weibchen von ihrem Rassehund decken zu lassen, ansehnliche Summen bezahlten. Sie hätten also nicht nur eine Hundezucht, sondern auch einen Prostitutionsring für Hunde, meinte sie scherzhaft.

Ein langhaariger Teenager stolperte aus einem der

hinteren Zimmer und rieb sich die Augen. Er war mit seinen Hausaufgaben fertig, und jetzt wollte er an die frische Luft, dann vor dem Fernseher sitzen und etwas essen – seine dritte Mahlzeit seit dem Abendessen, wie mir Rachel versicherte. Ihre älteste Tochter studiert Medienwissenschaften in Jerusalem und engagiert sich in ihrer Gemeinde.

„Sie nehmen die Bibel wörtlich in dieser Gemeinde", sagte Rachel beinahe stolz. „Wenn es heißt, man soll für die Kranken beten, dann machen sie das auch. Sie glauben, dass Heilungen, Wunder und Prophezeiungen auch heute noch geschehen und nicht bloß in vergangenen Zeiten. Sie haben viele Beweise, dass das stimmt."

Rachel drehte mir den Rücken zu und ging zu dem kleinen Herd. Dann häufte sie dampfendes, köstlich duftendes Essen auf einen Teller. Ich hatte den ganzen Tag noch nichts gegessen, und deshalb hatte ich nichts gegen eine Mahlzeit vor unserem Gespräch. Rachel aß langsam und beobachtete mich, während sie Fragen über meine Herkunft und meine Mitarbeit bei Musalaha stellte. Sie war genauso neugierig auf meine Geschichte wie ich auf ihre.

Ihr langhaariger Sohn saß im Wohnzimmer vor dem Fernseher. Er starrte wie gebannt auf den Bildschirm. Sein Gesicht wurde von einem ständig wechselnden Licht in vielen Farben beleuchtet. Gedämpfte Klänge einer Show des Disney-Kanals bildeten die Geräuschkulisse für unser Gespräch.

Rachel entschuldigte sich, weil sie gerade keine Oliven im Haus hatte. Sie arbeitet als Englischlehrerin in arabischen Orten, und manche der Frauen schenken ihr Gläser mit selbst eingelegten Oliven, die „einfach unwiderstehlich gut schmecken".

„Viele Leute in diesen Ortschaften wohnen in Häusern, die sich auch in Hollywood sehen lassen könnten", erklärte sie mit einem Kopfnicken. „Nicht alle sind arme Opfer, wie es uns das Fernsehen gerne weismachen will. Die Araber, die ich kenne, haben gute Arbeitsstellen, sind gut gekleidet und gebildet. Sie haben kleine Familien. Bildung ist für sie sehr wichtig, und so werden viele von ihnen Ärzte, Apotheker und Fachkräfte in allen Bereichen. Von Frauen wird nicht mehr erwartet, dass sie zu Hause bleiben. Oft haben sie eine gute Ausbildung und sind berufstätig. Aber in der Presse wird so etwas verschwiegen. Diejenigen, mit denen ich gesprochen habe, haben kein Interesse am Terrorismus. Sie glauben, dass die Probleme durch Verhandlungen gelöst werden können."

Sie trug unsere Teller zur Spüle und ließ Wasser darüberlaufen. Einer der Hunde setzte sich zwischen meine Beine und drehte den Kopf in meine Richtung. Das war eine deutliche Aufforderung, ihn hinter den Ohren zu kraulen. Meine Familie hatte auch einen Sheltie namens Molly gehabt. Die Hündin war seit meinem fünften Lebensjahr bei uns gewesen. Am Ende ihres Lebens konnte sie nichts mehr sehen und hören und sich kaum noch bewegen, weil sie unter Arthritis litt. Sie starb im hohen Alter von zwanzig Jahren, bevor ich nach Israel kam, um bei Musalaha zu arbeiten.

Rachel bat ihren Sohn, den Fernseher leiser zu stellen. Bis auf ein leises Gemurmel und das eingespielte Lachen konnte man nichts mehr hören. Dann setzte Rachel sich wieder und begann zu erzählen.

„Vor zwanzig Jahren war ein jüdischer Gläubiger (messianischer Jude; d. Übers.) ein seltenes Exemplar", begann sie. „Jedes Jahr fand im Baptist Village eine Konferenz mit an Jesus glaubenden Juden statt. Da kamen etwa vierhundert Leute und du kannst noch mal die Hälfte abziehen, weil das Leute wie ich waren, nämlich Ausländer. Damals kannten wir uns alle, aber heute hat jede messianische Gemeinde fast vierhundert Mitglieder."

Bei ihrer Ankunft in Israel wusste sie so gut wie gar nichts über den Konflikt zwischen Israelis und Palästinensern.

„Ich konnte immer beide Seiten sehen: Es gibt ein Land und zwei Völker, die beide sagen, dass das Land ihnen gehört. Eins ist glasklar: Beide haben recht. Ich hätte damals auch einen Araber heiraten können, denn für mich gab es da keinen Unterschied. Bevor ich nach Israel kam, kannte ich keine Juden und ich wusste nichts von einem Konflikt. Ich war völlig ahnungslos. Die Grenzen waren damals offen, und so konnten die Leute nach Gaza fahren und dort in den Restaurants essen gehen oder in Tulkarem auf den Märkten einkaufen."

Sie lockerte den Schal, den sie um den Hals trug, und ließ die Schultern hängen.

„Vielleicht hatte ich keine Ahnung, aber heute sieht die Lage schlimmer aus. Ich lebe heute bewusster", rief sie. Ihre Stimme klang nicht arrogant, aber selbstbewusst. „Ich lese die Zeitung und sehe die Nachrichten im Fernsehen, aber bevor ich hierherkam, wusste ich wirklich nicht, was hier los ist. Ich bin mit einem Juden verheiratet und deshalb haben wir nirgendwo Probleme. Ich habe die vollen Bürgerrechte, wie früher in England. Deshalb wusste ich nichts von dem Unrecht, unter dem andere Leute leiden. Die Presse erzählt einem das, was man hören soll. Man lebt hier, ohne etwas von der anderen Seite zu wissen."

Sie starrte auf den Fußboden. Kleine Fältchen wurden

um ihre Augen herum sichtbar. Sie runzelte die Stirn, wo sich Sorgenfalten bildeten.

„Man weiß vieles nicht. Deshalb hat die Arbeit von Musalaha in meinem Leben so viel bewirkt. Für mich ist das die einzige Gelegenheit, mit Frauen zu sprechen, die jenseits der Grünen Linie (siehe S. 57) leben, und aus erster Hand von ihren Schwierigkeiten zu hören. Ich merke, wie wir Beziehungen zueinander aufbauen und unsere gemeinsame Liebe zu *Jeschua* (Jesus) das Wichtigste ist. Ob wir Araberinnen, Christinnen oder Jüdinnen sind, ist nicht so wichtig wie die Gemeinsamkeit, die wir in ihm haben. Wir können ihn sehen – in den Augen der anderen."

Vor vier Jahren erhielt Rachel eine Einladung, sich der Frauengruppe „Dritte Seite" anzuschließen, einer Gruppe für Ausländerinnen, die mit Israelis und Palästinensern verheiratet sind.

„Eins darfst du nicht vergessen." Ihre Stimme klang eindringlich und sie streckte die Hand aus, wie um mich zur Vorsicht zu mahnen. „Das sind Frauen aus der westlichen Welt, keine Araberinnen. In gewisser Weise geht es hier nicht um die Art von Versöhnung, die Musalaha anstrebt. Aber trotzdem konnte man die unterschwelligen Spannungen spüren. Wir mussten sehr vorsichtig sein, denn wir wollten keiner von uns zu nahe treten. Schließlich hatten wir uns mit der Sichtweise unserer Ehemänner identifiziert. Wir waren nicht so neutral, wie wir dachten."

Sie lächelte, als ob sie mit ihrer Analyse zufrieden sei. Aber ihr schien bewusst, dass diese Beobachtung auch auf sie selbst zutraf. „Ich glaube, wir haben vorher nicht erkannt, wie stark wir uns mit unseren Männern identifiziert hatten. Wir dachten, wir seien offen, aber in Wirklichkeit waren wir es nicht. Diese Gruppe ist schon etwas Besonderes, weil wir alle dem Beispiel der biblischen Ruth gefolgt sind und uns dazu verpflichtet haben, hier in diesem Land zu leben. ‚Wo du hingehst, da will ich auch hingehen; wo du bleibst, da bleibe ich auch. Dein Volk ist mein Volk, und dein Gott ist mein Gott. Wo du stirbst, da sterbe ich auch, da will ich auch begraben werden.'

Unsere Kinder sind Bürger dieses Landes, und auch sie haben mit Identitätsproblemen zu kämpfen. Vor allem müssen sie sich ihrer Identität im Reich Gottes sicher sein. Diese Identität wird gestärkt durch das Engagement in den Ortsgemeinden und bei den vielen Sommerfreizeiten. Deshalb können die Jugendlichen wissen, dass sie in diesem Land zu einer großen Familie von Gläubigen gehören. Aber die Frauengruppe bei Musalaha gibt jeder von uns einen starken Halt, wenn wir darum ringen, die Unterschiede in der Gesellschaft und Kultur zu verstehen, in der wir leben. Jede von uns hat eine einzigartige Berufung hier in diesem Land, aber das heißt nicht, dass das einfach ist. Diese Einzigartigkeit ist auch die Grundlage für unseren Beitrag zur Arbeit von Musalaha.“

Ich fragte Rachel über ihre Meinung dazu, dass Palästinenser Musalaha eine proisraelische Haltung vorwerfen, Israelis dagegen meinen, Musalaha begünstige die palästinensische Seite.

„Ich kann verstehen, warum manche Leute meinen, dass Musalaha eine propalästinensische Sicht vertritt“, antwortete sie. „Für viele sieht es so aus, als wäre die Sichtweise von Musalaha unausgewogen. Schließlich wird hier der weitverbreitete Glaube an ein von Gott gegebenes jüdisches Recht infrage gestellt. Vielleicht meint man bei Musalaha, dass die Juden mehr Verständnis für die andere Seite aufbringen sollten. Das ist für viele Gläubige nicht so einfach. Evan Thomas und Salim Munayer (die Leiter von Musalaha) können es dir bestätigen. Es sind viele Begegnungen notwendig, bevor man über Politik sprechen kann. Eine Zeit lang haben wir es nicht gewagt, in unserer Frauengruppe politische Themen anzusprechen."

Auf einer der wichtigsten Konferenzen, die sie im letzten Jahr besucht hatte, sprachen zwei Frauen, eine Jüdin und eine Palästinenserin, über ihre Erlebnisse während des Holocausts und der *Nakba*. Rachel betonte, dass man diese beiden historischen Ereignisse nicht miteinander vergleichen könne. Vergleichbar sei jedoch die Tatsache, dass diese beiden Frauen sich trotz ihres Leids für die Vergebung entschieden hätten.

„Die Gesichter dieser beiden Frauen strahlten diese Liebe und Vergebung aus", erzählte Rachel voller Begeisterung. „Für die arabischen Frauen war es wie eine Offenbarung, als sie vom Holocaust erfuhren. In der Schule hatten sie nie davon gehört. Andererseits war die *Nakba* eine ebenso große Offenbarung für die israelischen Frauen, weil sie der Meinung waren, dass alle Araber ihre Häuser freiwillig verlassen hätten. Sie wussten nicht, dass viele von ihnen mit Waffengewalt aus ihren Häusern vertrieben worden waren."

Rachel stand auf und ging in die Küche zurück. An der Spüle füllte sie einen Kessel mit Wasser und stellte ihn auf den Herd neben die kalt gewordenen Essensreste. Hin und wieder warf sie einen Blick über die Schulter, während sie weitersprach. Sie erzählte mir, dass sie sehr gern zu den Treffen der Frauengruppe gehe, aber dass man vielleicht einiges ändern müsse.

„Wenn man mich fragen würde, was ich mir wünsche,

würde ich sagen, dass wir zu unseren Treffen auch arabische Frauen einladen sollten, um mehr mit ihnen ins Gespräch zu kommen. Ich finde, die Arbeit von Musalaha ist sehr wichtig. Wir haben jetzt eine ganze Generation von jungen Menschen, die in der Armee sind. Und für diese Jugendlichen ist die Begegnung mit der arabischen Seite wichtig. Die Erlebnisse in der Armee haben meinen Sohn verändert. Ich bin dankbar, dass er nie auf jemanden schießen musste. Wenn junge Männer in einem gläubigen Elternhaus aufwachsen, kann ein Kampfeinsatz für sie zu einem traumatischen Erlebnis werden."

Der Fernseher war jetzt nicht mehr zu hören. Vielleicht hatten wir uns aber auch an die Geräuschkulisse gewöhnt.

„Es sieht nicht sehr nach Frieden aus."

Rachels Sohn war vor Gaza stationiert gewesen – während der Kämpfe 2008, die von den Israelis „Gazakrieg" und von den Palästinensern „Gaza-Massaker" genannt werden. Sie hatte Angst gehabt, die arabischen Dörfer aufzusuchen, in denen sie Englisch unterrichtete. Schließlich wussten die Leute dort, wo ihr Sohn war. Die Familie eines ihrer Schüler wohnt in Gaza. Als sie dann doch zum Unterricht erschien, fragte die Mutter dieses Jungen besorgt: „Wie geht es deinem Sohn?" Und Rachel fragte: „Wie geht es deiner Familie? Haben sie genug zu essen?" „Das war ein wunderschönes Erlebnis", sagte Rachel leise.

Hinter ihr stieg Wasserdampf aus dem Kessel. Rachel goss Tee in zwei Bechern auf und setzte sich wieder an den Tisch. Mit einem Seufzer sah sie sich in ihrer Wohnung um. Die Küche und das Wohnzimmer, wo der Fernseher noch immer flimmerte, waren nicht durch eine Wand getrennt. Auf der rechten Seite führte ein Flur zu den Schlafzimmern. Eine kleine Terrasse lag vor dem Fenster neben dem Tisch, an dem wir saßen. Zwei kleine Hunde kuschelten sich mit ihren warmen Körpern an meine Füße.

„Ich finde es wichtig, sich für etwas Positives wie die Arbeit von Musalaha zu engagieren. Aber der beste Ort, mit der Versöhnung zu beginnen, ist die Gemeinde von Jesus. Die Zeit könnte kommen, in der wir uns gegenseitig Zuflucht geben müssen, wenn die Bomben fallen. Wenn arabische und jüdische Gläubige nicht miteinander in Frieden leben können, wer kann es dann?"

Plötzlich war aus dem Fernseher lautes Gelächter zu hören. Rachel musste grinsen. Sie bat ihren Sohn, das Gerät noch ein wenig leiser zu stellen.

„Siehst du oft Fernsehsendungen?", fragte sie mich. Ich erklärte ihr, dass ich keinen Fernseher habe, aber meine Mitbewohner mit ihren Computern einige Filme aufgezeichnet hätten. Rachel nickte zustimmend und trank die letzten Schlucke von ihrem Tee. „Ich habe auch nie viel ferngesehen", meinte sie. „Aber inzwischen sehe ich sehr gerne die Sendungen von *Middle East TV*. Hast du schon davon gehört? Das ist ein christlicher Fernsehsender, der von diesem amerikanischen Pastor unterstützt wird ... Wie heißt der noch? Er tritt auch in der Fernsehsendung *700 Club* auf. Ach ja, Pat Robertson. Er finanziert diesen Sender. Am liebsten sehe ich Dr. Lester Sumrall, weil er wirklich ein toller Bibelausleger ist."

Rachels Stimme klang begeistert. „Er trifft immer den Nagel auf den Kopf. Neulich hat er über Israel gesprochen, das war sehr aufschlussreich. Er fragte, ob wir wissen, warum es hier immer so viel Ärger gibt. Warum werden hier mehr Menschen getötet als woanders in der Welt?"

Ich wollte diese Fragen nicht beantworten. Also reagierte ich bloß mit einem Kopfschütteln. Rachel beugte sich vor, um ihren Worten mehr Nachdruck zu verleihen. „Dr. Sumrall sagte: Weil Gott Israel liebt. Der Satan hasst Israel. Es handelt sich hier nicht um einen Krieg zwischen Arabern und Juden, sondern um eine gewaltige Schlacht, weil der Satan alles zerstören will, was Gott liebt."

Die Lichter von Haifa

Für einen Morgen war ich mit Pierre Tannous und seinen Eltern verabredet. Der israelische Palästinenser wartete vor meiner Unterkunft auf mich. Der Morgenhimmel war trüb. Die kühle Luft verhieß Regen.

Pierre hatte sein kleines Auto auf der anderen Straßenseite geparkt. Er war Anfang dreißig und hatte ein markantes Kinn mit einem tiefen Grübchen. Mit einem festen Händedruck hieß er mich herzlich in Haifa willkommen. Er startete das Auto und fuhr durch eine Seitenstraße zur Deutschen Kolonie, einem überwiegend von Arabern bewohnten Viertel am Fuße des Berges Karmel. Zu meiner Rechten verlief die Hauptstraße in gerader Linie zur Umfassungsmauer der Baha'i-Gärten, die sich wie ein grüner Wasserfall über den terrassenförmig angelegten Berg erstrecken.

Pierre war in Haifa aufgewachsen, einer Stadt mit etwa 350.000 Einwohnern. Er hatte unter anderem die anglikanische Schule besucht. Auf dem Weg zu Pierres Wohnung kamen wir an dem Gebäude vorbei. Alle Schüler besuchten den Gottesdienst, erzählte Pierre. Auch die muslimischen Kinder.

„Einmal fragte der Lehrer, wer in der Klasse Muslim ist. Als ein paar Kinder die Hand hoben, wusste ich zum ersten Mal Bescheid. Für mich waren wir immer alle gleich gewesen."

Pierre hatte Ingenieurwesen an der Technischen Hochschule in Haifa studiert. Nach seinem Studium wurde er von Salim Munayer und Bishara Awad, dem Direktor des Bethlehem Bible College, angesprochen. Die beiden

Männer wollten mehr Palästinenser für weiterführende Studienabschlüsse gewinnen, die später als Dozenten am Bible College arbeiten konnten. Pierre gelang es nicht, ein Stipendium für ein teures Studium in den USA zu bekommen. Also hätte er dort 25.000 Dollar pro Jahr bezahlen müssen, erzählte er. Ein Bekannter schlug Pierre ein Studium in Südkorea vor. Dort gebe es hervorragende Studiengänge für bedeutend weniger Geld. Die nächsten drei Jahre studierte Pierre Theologie an einer englischsprachigen Universität in Südkorea, gemeinsam mit Kommilitonen aus ganz Asien. Er schloss sein Studium mit einem Magister in Theologie ab, mit dem Schwerpunkt Gemeindedienst. Jetzt arbeitet er als Dozent für Systematische Theologie, Kirchengeschichte und Altes Testament. Zunächst lehrte er einmal wöchentlich in Bethlehem, aber heute unterrichtet er an drei Tagen in der Woche im Norden Israels.

Pierre parkte in der Deutschen Kolonie in einer stillen Seitenstraße und wir machten uns auf den Weg zu der Wohnung, die er mit seinen Eltern bewohnte. Eine Reihe von Wohnhäusern versperrte den Blick auf den Berg Karmel. Schon bald ging ich allein voraus. Pierre humpelte langsam hinter mir her. Er zog ein Bein nach. Vor ein paar Monaten hatte er sich auf einer von Musalaha organisierten Reise nach Norwegen einen Fußknöchel gebrochen.

„Wir haben ein Spiel gespielt, mit einem Hut auf einer Stange", erklärte Pierre mit einem Grinsen. „Man muss hochspringen und den Hut von der Stange kicken." Das war ihm zwar gelungen, aber als er wieder am Boden landete, fiel er so unglücklich, dass mehrere kleine Knochen gebrochen und zwei Bänder gerissen waren. Er konnte sich mehrere Monate lang nur mithilfe von Krücken bewegen. Erst jetzt lernte er wieder richtig laufen.

„Vielleicht können wir ein bisschen langsamer gehen",
schlug er lächelnd vor.

Wir stiegen eine Treppe hoch und betraten eine ge-
räumige, gedämpft beleuchtete Wohnung. Pierres Vater
Edward, der Pastor der Gemeinde *Assemblies of God*,
saß im Jogginganzug im Wohnzimmer. Er stand auf, um
mich zu begrüßen. Der ältere, grauhaarige Mann hatte
breite Schultern. In der Küche neben der Wohnungstür
machte Samar, Pierres Mutter, gerade das Frühstück. Sie
wischte sich die Hände an ihrer Schürze ab und winkte
mich zu einem Stuhl.

Samar und Edward stammten beide aus Jish, einem
kleinen Dorf im Norden Israels. Als sie fünfzehn Jahre
alt war, musste Samar in ein Internat. Drei Jahre später
kam sie nach Haifa. Edward und Samar kannten sich
vom Dorf her, aber als er zwölf Jahre alt war, zog Ed-
wards Familie nach Haifa. Samar war neunzehn, als sich
die beiden wieder begegneten und schließlich heirateten. Sie studierte Buchhaltung und Rechnungswesen an
der Universität. Dann arbeitete sie sieben Jahre lang als
Buchhalterin, bevor sie Rechnungsprüferin wurde. Dieses
Jahr wurde sie jedoch entlassen, weil die Firma, in der sie
arbeitete, in finanzielle Schwierigkeiten geraten war.

„Ich bin zum ersten Mal ganztags zu Hause", sagte
sie. Dann schaltete sie den Herd ab und wusch sich die
Hände. „Ich habe immer bei Juden gearbeitet. Mein Chef
war auch Jude. Deshalb kenne ich die andere Seite. Ich
wusste, dass die Kinder meiner jüdischen Kollegen bei
der Armee waren. Und ich konnte ihre Angst verstehen.
Zumindest habe ich versucht, sie zu verstehen. Aber ich
bin auch in Bethlehem und Ramallah gewesen und habe
das Unrecht gesehen, das die Armee dort beging. Trotzdem wollte ich verstehen."

Auf dem Tisch standen Tomaten, Eier, Zucchini, Pita, Hummus und kleine, mit Thymian gewürzte arabische Pizzas. Pierre erzählte, dass er von arabischem Essen geträumt habe, als er in Korea war. Nach seiner Rückkehr nahm er sieben Kilo zu, um sich für den entgangenen Genuss zu entschädigen.

Ich erzählte ihm und seinen Eltern von meinem Buchprojekt. Sie stellten mir Fragen über meine Familie und mein Zuhause. Pierre übersetzte für seinen Vater, der sich interessiert vorbeugte und mich unverwandt ansah. Edward war weniger an meinem Projekt interessiert als an meiner Meinung über amerikanische Kirchengemeinden, weil ich aus den USA komme. Er sprach schnell, während er kaute und zwischendurch schluckweise Wasser trank.

Nach dem Frühstück hatte Edward in der Gemeinde zu tun. Samar bat mich ins Wohnzimmer, denn dort konnten wir uns in aller Ruhe unterhalten. Das Geschirr war gespült, und Samars feuchte Hände glänzten im Licht, wenn sie sie bewegte. Sie lehnte sich auf dem großen Sofa zurück und trank ihren Kaffee aus einer kleinen Porzellantasse. Nervös zupfte sie einen Fussel von ihrem schwarzen, mit einer roten Rose bedruckten T-Shirt. Pierre saß auf dem anderen Sofa und übersetzte für seine Mutter, wenn sie sich unsicher war. Ihr Englisch war zwar gut, aber sie hatte nicht genug Selbstvertrauen, um die Unterhaltung allein zu führen.

Wenn Leute übersetzt werden, sehen sie oft den Übersetzer an, aber Samar richtete ihren Blick auf mich. Sie nickte, wenn sie mich verstand, und gelegentlich antwortete sie auf Englisch. Aber die meiste Zeit sprach sie mit leiser Stimme auf Arabisch zu Pierre, und seine Stimme erzählte mir ihre Geschichte. „Wo soll ich anfangen?", sagte sie. Einen Augenblick lang fragte ich mich, wie weit sie wohl zurückgehen wollte. „Mein Großvater wurde 1948 getötet."

Jüdische Soldaten besetzten Jish. Sie ordneten an, dass sich alle Frauen und Kinder in der Kirche versammeln sollten. Die Männer waren draußen, als Bomben in den Straßen explodierten und Gewehrschüsse zu hören waren. Ein Schrapnellgeschoss traf Samars Großvater am Bein. Er wurde zur Behandlung in den Libanon gebracht, aber die Familie sah ihn nie wieder. Zwei Monate später starb er an einer infizierten Wunde. Seine Frau erwartete ein Kind, als man ihn wegbrachte, und Samars Mutter war fünfzehn Jahre alt. Die Familie wollte jedoch keinen Hass und keine Vorurteile gegenüber Juden zulassen. Dennoch waren die Spannungen natürlich deutlich spürbar.

„In der Schule", erzählte Samar weiter, „mussten wir den israelischen Unabhängigkeitstag feiern, obwohl wir Palästinenser unsere eigenen Schulen hatten. Und als ich zehn Jahre alt war, kam der Sechstagekrieg. Man sagte uns, wir sollten uns keine Sorgen machen, weil die israelische Armee stark wäre und uns beschützen würde, denn wir seien ja auch Bürger des Staates Israel. Als ich später das Dorf verließ und zum ersten Mal Juden kennenlernte, wurde mir klar, dass wir nicht so behandelt wurden wie sie. Wenn wir im Land herumreisen wollten, brauchten wir eine Genehmigung von der Armee, so wie das heute im Westjordanland der Fall ist. Wir wurden nicht gleich behandelt, und wir hatten auch nicht die gleichen Bürgerrechte wie die Juden.

Als Jugendliche wollten wir den israelischen Unabhängigkeitstag nicht mehr feiern, und so kam es zu einem Konflikt zwischen der älteren und der jüngeren Generation. Die Älteren hatten Angst. Deshalb wollten sie nicht, dass die Jüngeren über Politik redeten. Wir sollten fleißig in der Schule sein und arbeiten. Als ich siebzehn war, wollte mich meine Schule zu einer Konferenz über den Dialog zwischen Arabern und Juden schicken, aber meine Eltern erlaubten mir nicht, daran teilzunehmen. Sie hatten Angst, dass ich mir und meiner Familie schaden könnte, wenn ich dort offen redete."

Samars Geschwister studierten in Jerusalem. Sie waren politisch sehr engagiert und beteiligten sich auch an friedlichen Demonstrationen. Samar sagte leise: „Meine Eltern wollten das nicht."

Zum ersten Mal nahm Samar 1998 an einer Familienkonferenz von Musalaha teil. Dort lernte sie Evan Thomas und Salim Munayer kennten. Viele Teilnehmer trauten sich jedoch nicht, bei diesen großen Veranstaltungen offen zu reden. 2004 gründete Musalaha kleinere Frauengruppen. Samar gehörte zu den Ersten, die sich einer solchen Gruppe anschlossen.

„Für mich war es am schwersten, über das zu sprechen, was 1948 passiert war", sagte Samar. „Ein paar von den jüdischen Glaubensschwestern waren schockiert. Sie behaupteten, dass die Juden niemals Familien aus ihren Häusern vertrieben hätten, sondern dass die Araber freiwillig gegangen seien. Bei derselben Konferenz sprach eine Jüdin über den Holocaust. Obwohl Palästinenser an dieser Tragödie nicht beteiligt waren, haben wir uns schrecklich gefühlt, als diese Frau ihre Geschichte erzählte. Aber 1948 waren beide Seiten betroffen. Trotzdem behaupteten die jüdischen Frauen, dass die Palästinenser freiwillig gegangen wären."

Sie hielt kurz inne und kniff sich mit Daumen und Zeigefinger in die Nase. Es war so still, dass wir das Ticken einer bunten Keramikuhr hörten. Pierre räusperte sich, warf mir einen Blick zu und senkte dann den Kopf.

„Aber es war wirklich so, dass man Leute bedroht hat", fuhr Samar mit einem bestätigenden Kopfnicken fort. „Deshalb sind sie doch geflohen. Die meisten Jüdinnen in der Frauengruppe bei Musalaha sind nicht hier im Land geboren. Sie wiederholen bloß das, was man ihnen erzählt. Deshalb behaupten sie, dass die israelischen Soldaten den Leuten Lebensmittel und Decken gebracht und sie gut behandelt haben, als sie in die arabischen Dörfer eingedrungen sind."

Samar lächelte. Wenn sie sprach, saß sie fast unbeweglich da. Sie hatte die Beine übereinandergeschlagen und die Hände über einem Knie gefaltet.

„Und das könnte auch so gewesen sein, nachdem sie ihre Unabhängigkeit bekommen hatten. Dann haben sie wohl hier und da den Leuten geholfen. Aber es ist auch eine geschichtliche Tatsache, dass Leute geflohen sind, weil man ihnen gedroht hat. Die jüdischen Glaubensschwestern hatten Geschichten gehört von einer Armee, die den Menschen helfen wollte. Deshalb waren sie schockiert über unsere Berichte von derselben Armee, die die Leute bedroht und vertrieben hat. Manche arabischen Schwestern haben gesagt, dass sich heute die Geschehnisse von 1948 wiederholen, weil die Kinder dieser jüdischen Frauen in der Armee sind, an den Kontrollpunkten stehen und in den Panzern sitzen."

Aber die Konferenz war auch ein wichtiger Impuls gewesen. Die Holocaust-Überlebende und die Palästinenserin, die von ihren Erlebnissen während der *Nakba* erzählt hatte, sprachen darüber, dass sie ihren Unterdrückern vergeben hätten. Gerade weil diese Vergebung so unmöglich erschien, war sie möglich geworden.

„Das war eine der schwierigsten Frauenkonferenzen, aber auch eine der schönsten."

Trotz aller Spannungen und Meinungsverschiedenheiten sind die Freundschaften, die in der Frauengruppe entstanden, für Samar Zeichen der Hoffnung. „Während der letzten beiden Kriege im Libanon und in Gaza haben wir uns gegenseitig angerufen und gefragt, wie es unseren Familien geht. Als die Militäraktion in Gaza war, fand in der Talitha-Qumi-Schule ein Gebetstreffen für Leute von beiden Seiten statt. Wir betonen immer wieder, dass wir in Jesus Christus eine neue Identität haben, dass wir einander verstehen und deshalb auch erfahren wollen, was auf der anderen Seite geschieht. Bei Musalaha gibt es einen großen Konflikt, wenn es um die Frage nach unserer Identität geht, und dieser Konflikt kann zu einer Krise werden. Aber wir Palästinenser wollen unseren israelischen Freunden erklären, wer wir sind. Und das Gleiche geschieht auch umgekehrt. Es gibt ja viele arabische Länder, und so gibt es syrische Araber, libanesische Araber und so weiter."

Jetzt hob Samar eine Hand und legte sie auf ihr Herz. Sie sprach Englisch. „Ich bin eine palästinensische Araberin, die in Israel lebt. Ich habe das meinen jüdischen Freundinnen erzählt, aber sie haben Angst vor dem Wort ‚palästinensisch'."

Dann wechselte Samar wieder ins Arabische. „Ich habe ihnen gesagt, dass ich zu meiner Kultur und meiner Tradition stehe, dass ich verwurzelt bin an dem Ort, an dem ich lebe. Man kann doch Palästinenser sein, seine Identität ausleben und gleichzeitig ein Bürger Israels sein. Zwischen diesen beiden Identitäten gibt es keinen Widerspruch. Weißt du", fügte sie hinzu, „bevor ich bei Musalaha mitgemacht habe, wusste ich noch nicht einmal, dass es zwischen arabischen und jüdischen Gläubigen einen Konflikt gibt, wenn sie alle an Jesus glauben. Manchmal, wenn mein Mann mit Gläubigen von beiden Seiten zusammenkam, spürte er eine gespannte Atmosphäre. Aber ich bin anders aufgewachsen. Wir haben geglaubt, dass es für Christen keine Rolle spielt, woher sie stammen oder welche Nationalität sie haben. Es genügt doch, wenn man Christ ist. Ich dachte, dass jüdische Gläubige (messianische Juden; d. Übers.) diese Auffassung teilen und es für sie auch keine Unterschiede gibt. Ich habe mir nie Gedanken darüber gemacht, wem dieses Land gehört oder ob diese Frage etwas mit dem Glauben zu tun hat. Für mich ist es immer ganz einfach gewesen. Wenn man als Christ ein Unrecht sieht oder die Wahrheit erkennt, muss man für das Recht und die Wahrheit eintreten. Ich habe einmal bei Musalaha zusammen mit einer Jüdin gefrühstückt. Sie fragte mich: ‚Weißt du denn nicht, dass Gott dieses Land dem jüdischen Volk verheißen und gegeben hat?‘"

Sie lächelte wieder und kniff die Augen zu. „Ich habe immer geglaubt, dass man sich als Christ nicht mit solchen Sachen befassen sollte."

Ich hatte Samar nur wenige Fragen gestellt, weil sie in unregelmäßigen Abständen Pausen einlegte und genau zu wissen schien, was sie erzählen wollte. Jetzt nahm ich jedoch die Gelegenheit wahr, eine Frage loszuwerden. Ich wollte von ihr wissen, was sie von der Landverheißung hielt und warum sie meinte, dass ein Christ sich nicht mit solchen Sachen befassen sollte.

Samar dachte nach. Die Uhr an der Wand tickte laut, und Pierre flüsterte etwas auf Arabisch. Aber Samar schüttelte den Kopf und begann wieder zu sprechen. „In der Bibel gibt es Verheißungen, die an Bedingungen geknüpft sind. Und diese Bedingungen werden nicht erfüllt. Dabei stellen sich viele Fragen. Und sogar Juden fragen, wer ein Jude ist und wer das entscheidet. Für mich ist ein Jude derjenige, der den Weg Gottes geht. Deshalb kann man die Landverheißung auch nicht so leicht auslegen. Ich kann verstehen, dass sie an dieser Verheißung festhalten wollen, aber das geht nur, wenn die Bedingungen erfüllt werden."

Plötzlich lachte sie laut, und ihre Schultern bewegten sich im Rhythmus ihres Lachens. „Vielleicht sind wir im Himmel, wenn es so weit ist! Aber dieses Land, alles darüber und darunter, gehört Gott. Egal, worüber wir sprechen, wir sollten lieber darüber nachdenken, was Jesus von uns will. Wir sollten in ihm eins sein. Am Anfang hatte ich mit einer bestimmten Sache Probleme, aber jetzt kann ich das auch akzeptieren. Sie feiern nicht die christlichen Feste, sondern die Feste aus dem Alten Testament. Aber jetzt ist das in Ordnung für mich. Eines meiner schönsten Erlebnisse hatte ich, als wir alle gemeinsam das Abendmahl gefeiert haben. In diesem Augenblick spürt man, dass wir in Christus alle eins sind."

Schon bald nach unserem Gespräch verließ Samar das Haus. Sie hatte noch vieles zu erledigen. Pierre und ich blieben im Wohnzimmer sitzen. Im Haus war es still. Ab und zu hörten wir das leise Klopfen von Regentropfen an der Fensterscheibe. Die vorbeifahrenden Autos platschten draußen durch die Pfützen. Pierre holte zwei Becher und eine Flasche Saft aus der Küche. Er setzte sich wieder auf das Sofa und legte sein verletztes Bein hoch.

„Im Jahr 1987", sagte er, „als die erste Intifada begann, wusste ich nicht allzu viel über den Konflikt. Das lag auch daran, dass ich in Haifa aufgewachsen bin. Hier gibt es keine Soldaten oder Grenzposten. Deshalb haben wir auch keine Erfahrung mit täglicher Unterdrückung. Und dann stieg die Zahl der Toten, und wir sahen im Fernsehen Bilder von Soldaten, wie sie junge Palästinenser zusammenschlugen und ihre Hände mit Steinen zerquetschten. Das hat mich damals sehr mitgenommen und meine politische Einstellung wurde nationalistischer. Meine Haltung Juden gegenüber war sehr negativ."

Er nahm einen Schluck Saft und drehte sein Fußgelenk mal in die eine, mal in die andere Richtung. Er erklärte, dass die Verletzungen heilten, aber trotzdem bewegte er sein Bein vorsichtig. Manchmal zuckte er vor Schmerzen zusammen.

„Ein paar Jahre später, ich weiß nicht mehr so genau, wann das war, las ich ein Buch von Khalil Gibran. Es enthielt kurze Sprüche und Gleichnisse. Ein Spruch lautete: ‚Wenn du Dornen in deinem Herzen hast, wie willst du dann Blumen in deinen Händen halten?‘ Wenn ich Juden hasse, wie kann ich dann andere Menschen lieben?"

Pierre zuckte mit den Schultern und lächelte. Dann fügte er hinzu: „Also habe ich mich entschlossen, alle Menschen zu lieben."

Seine erste Erfahrung mit Musalaha machte er in Tantur auf der Familienkonferenz, die seine Mutter erwähnt hatte. Wie Samar war sich auch Pierre der Spannungen zwischen den Christen von beiden Seiten nicht bewusst gewesen. „Ich erinnere mich noch, wie ich mich gefragt habe, warum wir solche Konferenzen überhaupt brauchen. Wir sind doch Christen. Aber als ich mir ein von Salim Munayer herausgegebenes Buch über Meinungen von beiden Seiten gekauft habe, war ich schockiert. Weil ich in Haifa aufgewachsen bin, waren die Leute, die ich kannte, auf der politischen Landkarte hauptsächlich links angesiedelt, und ich teilte ihre Auffassungen. Deshalb dachte ich, dass Menschen, die Jesus nachfolgen, ähnlich denken müssten wie wir. Ich war schockiert. Die Leute in dem Buch meinten, dass das Land ihnen gehört. Ich erinnere mich nicht mehr an alle Einzelheiten, aber der Tonfall und die in diesem Buch vermittelte Sichtweise waren für mich überraschend. Für mich war eins klar: Die Juden sind zurückgekommen und haben schließlich das Land genommen und besetzt. Das ist eine Tatsache. Aber ihr könnt mir doch nicht erzählen, dass das so in der Bibel steht und dass das der Wille und der Plan Gottes ist."

Pierres Stimme blieb ruhig, aber er bewegte sich unruhig, und seine Augen verengten sich.

„Das war mir ein bisschen zu viel."

Anstatt bitter zu werden, versuchte Pierre nach der Lektüre dieses Buches, sein Unbehagen in positive Kanäle zu lenken. Er wollte mehr hören und verstehen. Er wollte mit anderen über das reden, was auf diesem kleinen Fleckchen Erde passierte.

„Wir haben vielleicht unterschiedliche Ansichten, aber wir sind eine Familie, und das sollten wir nicht vergessen. Ich glaube nicht, dass unter uns Christen solche Unterschiede eine so dominierende Rolle spielen sollten. Und bei diesen Konferenzen habe ich meistens gemerkt, dass die Leute keinen Zorn über diese Unterschiede empfinden, sondern traurig sind über das, was sie zu hören bekommen."

Bei einer Konferenz für junge Erwachsene in der Türkei hielt Pierre einen Vortrag. Er stützte sich dabei auf einen Text aus dem Epheserbrief, der für Musalaha eine zentrale Bedeutung hat: Christus hat die Mauer der Feindschaft niedergerissen (siehe S. 27). „Aber", so fragte Pierre, „bauen wir diese Mauer nicht wieder auf durch die Art, wie wir unser Leben gestalten?

Die Palästinenser sprachen darüber, wie diese Mauer gebaut wird, und zwar im wahrsten Sinne des Wortes. Aber die Israelis taten sich schwer damit. Sie überlegten, ob es überhaupt eine solche Mauer gibt. Die Palästinenser empfinden das stärker, weil sie den Konflikt täglich hautnah erleben. Natürlich behaupte ich nicht, dass die Juden den Konflikt nicht so stark empfinden. Schließlich hat jeder von ihnen mindestens einen Soldaten in der Familie. Aber vielleicht spüren sie den Konflikt nicht jeden Tag so deutlich."

Dennoch bekommt die Mauer Risse und Löcher, und plötzlich wird dahinter etwas sichtbar. Bei einem Treffen von Musalaha bekam Pierre ein Gespräch zwischen zwei Juden und einem Palästinenser mit. Einer der Juden sagte, er habe während seines Militärdienstes zwei Palästinenser erschossen, als diese versuchten, in eine Siedlung einzudringen. Nachdem er die beiden getötet hatte, habe er das Gesicht des einen gesehen und festgestellt, dass er nicht viel älter als sechzehn war. Das war das Gesicht eines Jungen, den er vielleicht sogar gekannt haben könnte. Dann erklärte der Palästinenser seine Sichtweise dieser Geschichte. Er versuchte, eine Erklärung zu finden, warum manche Palästinenser so etwas tun.

„Sie haben etwas Wichtiges erkannt", meinte Pierre. „Sie haben erkannt, dass die andere Seite nicht bloß ein Soldat ist oder ein Terrorist, sondern ein Mensch."

Am Nachmittag machten wir eine Pause. Pierre musste den Unterricht für den nächsten Tag vorbereiten, und ich konnte währenddessen meine Notizen in den Computer tippen und E-Mails verschicken. Wir saßen auf einem zu einem Arbeitszimmer umgebauten Balkon, zwischen Bücherregalen und Topfpflanzen. Mein für den Abend geplantes Interview war abgesagt worden. Als Pierre mit den Vorbereitungen für den Kurs fertig war, machte er mit mir eine Stadtrundfahrt durch Haifa. Wir fuhren hoch auf den Berg Karmel und genossen den Blick auf die terrassenförmig angelegten Baha'i-Gärten. Um den Fuß des Berges herum gingen die Lichter an. Aus der Ferne wirkten sie wie ein Schwarm Glühwürmchen, der sich in der Ebene tummelte. Als die Sonne unterging, beobachteten wir das Wechselspiel von Licht und Wind auf dem Meer. Die kleinen Wellen wirkten wie ein Rippenmuster auf einem Meer aus Glas. Am Horizont breitete die untergehende Sonne ihr Farbenspiel aus, aber der Himmel über unseren Köpfen wurde schon dunkel.

Pierre stand neben mir, mit den Händen in den Hosentaschen. Er trat unsicher von einem Fuß auf den anderen. Ich erzählte ihm, dass Musalaha von vielen jüdisch-messianischen Gruppierungen als propalästinensisch bezeichnet werde und dieses Etikett hinderlich bei der Behandlung bestimmter Fragen sei.

Pierre bewegte sich nervös. Dann schüttelte er den Kopf. „Hmm", murmelte er. Er schien zu überlegen, aber dann fügte er hinzu: „Wenn Leute sagen, dass man bei einer Sache ‚pro' eingestellt ist, dann meinen sie, dass man bei einer anderen Sache ‚anti' eingestellt sein muss. Das muss aber nicht so sein. Eine Nullsummen-Mentalität bewirkt nämlich keine Veränderung. Die Begegnung mit Gläubigen aus den unterschiedlichsten Kreisen hat mich verändert. Ich habe festgestellt, dass Leute ihr Christentum ganz anders leben als ich. Und das ist in Ordnung so. Ich habe gehört, wie jüdische Jugendliche in ihren Schulen positiv über Araber gesprochen haben. Die kleine Tochter eines Freundes, den ich bei Musalaha kennengelernt habe, sagte, dass sie gerne Arabisch lernen würde. Wenn ich heirate und selbst Kinder habe, werde ich ihnen dann auch diese Offenheit vermitteln können?"

Eine plötzliche Windbö zwang uns ein paar Schritte zurück. Die bunten Farben des Sonnenuntergangs waren verblichen, und die Dunkelheit reichte jetzt bis zum Horizont.

„Die Arbeit von Musalaha besteht nicht bloß darin, Leute zusammenzubringen, damit sie froh und glücklich sind", sagte Pierre schließlich. Er wandte sich zu mir um, hielt aber den Blick auf die Meereswellen geheftet, deren Rauschen wir hier oben nicht hören konnten.

„Musalaha will auch nicht beurteilen, welche Seite Recht hat und welche nicht, sondern will nur versuchen, beide Seiten zur Offenheit für die andere Seite zu bewegen. Wenn jemand erzählt, dass er am Kontrollpunkt menschenunwürdig behandelt worden ist, kann man nicht sagen: ‚Nein, das stimmt nicht.' Und wenn ein anderer sagt, dass er in Panik geraten ist, als ein Selbstmordattentat passierte, kann man auch nicht sagen: ‚Nein, das stimmt nicht.' Israel ist da, und das ist eine geschichtliche Tatsache. Es gab und gibt Ungerechtigkeit, Menschen wird Wasser und Land weggenommen. Über solche Dinge sollten wir reden. Aber ich will dieses Israel nicht mit der Bibel in Verbindung bringen. Israel ist da, und es wird auch auf lange Sicht hier bleiben. Aber das ist nicht so, weil es in der Bibel steht. Wir sollten Leute von außerhalb an unseren Erfahrungen teilhaben lassen. Dann können sie selbst entscheiden, wo Recht und wo Unrecht ist."

„Wenn ich Hilfe brauche, hilfst du mir"

Mir taten die Beine weh, als ich den steilen Weg von Beit Sahour nach Bethlehem hinaufging. Das Haus, in dem ich wohnte, stand auf einem abgelegenen Hügel mit nur wenigen Gebäuden. Erst vor Kurzem hatte ich diese Abkürzung zwischen den beiden Orten gefunden. Der Weg geht steil bergauf und führt zur Rückseite des Krippenplatzes. Unsicher flackernde Straßenlampen warfen ein kaltes Licht auf die rissigen Steine. Autos rasten durch die schmale Straße. Kinder rannten über den Platz und spielten mit einem Fußball, in dem kaum noch Luft war. Sie hielten inne und bettelten wie Touristen aussehende Passanten um ein paar Schekel an. Ich ging durch die im Dunkeln liegende Altstadt, vorbei an geschlossenen Geschäften und Fußgängern, die im Gedränge der Gassen altersschwachen Kleinlastern auswichen. Taxis schwärmten wie Fliegen um den Bab-Izaak. Mit lautem Hupen wollten mich die Fahrer zum Einsteigen bewegen. Ich bog nach rechts auf die Hebron Road ab und blieb an einem Wohnhaus gegenüber der Schule des Lateinischen Patriarchats stehen. Yousef Khalil steckte den Kopf aus einem Balkonfenster im dritten Stock und winkte mich zum Eingang des Hauses.

Mein Gesprächspartner stand auf dem dunklen Treppenabsatz. Die Birne in der Lampe war ausgebrannt. Wir waren uns schon mehrmals begegnet, und so begrüßte er mich herzlich mit einem festen Händedruck. Der breitschultrige Mann war so groß wie ich, fast ein Meter neunzig. Sein breites Lächeln ließ seine weißen Zähne noch heller wirken gegen seinen dunklen, stoppeligen Bart, der bis zu seiner behaarten Brust reichte. Er trug ein ärmelloses weißes T-Shirt. Entschuldigend sagte er, dass er sich dringend rasieren müsse.

„Dieser Bart juckt wie verrückt!" Er sprach Englisch mit einem arabischen Akzent und einem rollenden Zungen-R.

Dann führte er mich in seine spärlich möblierte Wohnung. Wir stiegen über Matratzen, bis wir zu einem kleinen Tisch am Balkonfenster kamen. Aus der Hebron Road tönte der Lärm von Autohupen und quietschenden Reifen herauf. Die Straße lag im orangefarbenen Licht der Lampen, und das Flüchtlingslager wurde von kleinen Lichtpunkten erhellt.

„Man kann hier nur schlecht schlafen", sagte Yousef und deutete auf eine der auf dem Boden liegenden Matratzen. „Immer dieser Lärm. Das geht die ganze Nacht so."

Yousef warf einen Blick auf seinen Laptop. Er beantwortete gerade eine Nachricht auf Facebook. Der intensive Duft von Apfel-Minz-Tabak drang mir in die Nase. Er stammte von einer erloschenen Wasserpfeife, die neben mir auf dem Boden stand. Ein halb aufgegessener Maiskolben lag neben einer offenen Schachtel Kekse. „*Yalla*, los, nimm dir schon", sagte Yousef, der gesehen hatte, wie ich die Kekse beäugte. Einer seiner Mitbewohner lag in eine Decke gewickelt auf einer der Matratzen und sah sich eine Verfilmung von *Doktor Dolittle* an. Der alte Fernseher stand in einer Zimmerecke. Bis auf den Tisch, die Matratzen und ein paar Stühle war die Wohnung unmöbliert. Durch die fehlenden Möbel wirkten die Räume größer. Ich fühlte mich plötzlich in meine Studienzeit zurückversetzt. Manche meiner Kommilitonen hatten ähnlich gewohnt, mit noch mehr Chaos und noch weniger Platz. Ich fühlte mich deshalb in Yousefs Wohnung wie zu Hause.

Yousef und seine sechs Geschwister waren in einer katholischen Familie in Zebabdeh aufgewachsen, einem Dorf bei Dschenin. Seine Eltern wohnten noch immer dort.

„Meine Familie lebt schon sehr, sehr lange hier", sagte er und breitete die Arme aus. „Schon vor 1948."

Er hatte am Bethlehem Bible College Theologie studiert. Das College lag nur ein paar Häuser entfernt von hier. „Jetzt will ich noch einen Magister in Unternehmensorganisation machen", sagte er und tastete nach einem kleinen Kreuz, das an einer Kette um seinen Hals hing. „Ich glaube, so heißt das, aber so genau weiß ich das nicht. Es ist dasselbe Fach, das Raed studiert."

Raed (vgl. S 37ff.) hatte mir wohl gesagt, dass er Betriebswirtschaft studierte.

„Ja, ja, jedenfalls ist es dasselbe", erwiderte Yousef mit einem Lächeln.

Während er sprach, sah er ständig aus dem Fenster. Seine Blicke folgten den Autos und den Fußgängern, die auch noch um diese späte Stunde laute Rufe ausstießen.

Im ersten Semester am Bethlehem Bible College suchte Yousef Arbeit, weil seine Eltern ihn nicht finanziell unterstützen konnten. Sein neuer Freund Raed nahm ihn zu Jemima mit, und Yousef spürte sofort das Bedürfnis, mit den behinderten Kindern in dieser Einrichtung zu arbeiten. Später hörte Yousef, dass man im *Haus der Hoffnung* einen Mitarbeiter suchte. Diese Einrichtung lag in der Nähe des Bible College. Zwei Jahre lang arbeitete Yousef dort, aber dann gab es Probleme mit der Leitung, und jetzt ist Yousef wieder ganztags für Jemima tätig.

Gemeinsam mit Musalaha hatte er kürzlich für verschiedene Einrichtungen ein Festival für geistig behinderte Menschen organisiert.

„Diese Arbeit mit den Behinderten muss eine Veränderung in mir bewirken", sagte er und beugte sich eifrig vor. Mit beiden Händen umfasste er den Bildschirm seines Computers. „Ich habe Mitleid mit ihnen, mache mir Gedanken über die Kinder. In unserer Gesellschaft nehmen wir sie nicht wahr, *ya'ani*, also, wir lassen sie nicht Anteil nehmen an dem, was wir tun. Und jetzt lebe und arbeite ich mit ihnen. Das muss mich einfach verändern."

Yousef hat eine enge Beziehung zu den Kindern, denen er hilft. Dazu gehört ein geistig zurückgebliebener Junge, der unter Epilepsie leidet. Man hat ihn in einem Beduinendorf im Norden des Landes gefunden. Er war vor dem Zelt seiner Eltern an einen Pfosten gekettet gewesen. Die Eltern des Jungen sind beide geistig behindert und werden deshalb von ihren eigenen Familien wie Außenseiter behandelt. Sie wussten nicht, wie sie für ihren Sohn sorgen sollten, weil sie nicht verstanden, was mit ihm los war. Yousef wollte wegen seiner engen Beziehung zu diesem Jungen einen Magisterabschluss in Sprachtherapie machen, aber in Palästina gibt es keinen derartigen Studiengang.

Yousef stand auf und lehnte sich ans Fenster. Er rieb sich die nackten Arme, während er auf die im Dunkeln liegenden Alleen schaute. Sein Mitbewohner stellte den Fernseher leiser.

Ich fragte Yousef nach seiner Kindheit in Dschenin.

„Ich sah Panzer vor mir", erzählte er und starrte noch immer aus dem Fenster. „Flugzeuge, Kontrollpunkte, Soldaten mit Gewehren. Ich habe es ausgehalten. Aber ich wollte sie nicht hassen oder gegen sie kämpfen. Meine Eltern haben mich so erzogen, und dann habe ich zu meinem eigenen Glauben gefunden. Ich begann, an Liebe und Vergebung zu glauben. Weißt du, der Glaube und die Eltern haben mich geprägt. Aber in meinem Herzen gibt es Dinge, die ich trotzdem nicht vergessen kann."

Er legte eine Hand auf die Brust. „Als ich zehn oder zwölf Jahre alt war, gab es Angriffe der israelischen Armee bei Dschenin. Mein Freund und ich spielten auf der Straße Fußball, und da kamen Soldaten und fesselten uns die Hände. Ich konnte das nicht verstehen. *Ich bin doch nur ein Kind. Warum tut ihr mir das an?* Als die Armee während des Massakers nach Dschenin kam, kamen die Panzer und Militärfahrzeuge durch mein Dorf, um zu schießen und zu zerstören."

Er hielt kurz inne und senkte den Kopf. Er hatte schnell gesprochen. Seine Stimme wurde lauter. Dann ging er zum Tisch zurück und tippte etwas in seinen Computer. Das Licht vom Monitor ließ sein Gesicht bläulich schimmern. Er schob den Laptop weg.

„Und ich dachte: In ein paar Minuten werden Kinder, Eltern und andere Leute sterben, und ich kann nichts dagegen tun."

Als die zweite Intifada ausbrach, erzählte er, brauchte er acht bis neun Stunden von Bethlehem nach Zebabdeh. Sein Heimatdorf liegt etwa achtzig Kilometer von Bethlehem entfernt. Normalerweise braucht man mit dem Auto dreieinhalb Stunden bis dorthin. Er und seine Freunde versteckten sich um zwei Uhr morgens unter Olivenbäumen. Sie hielten die Köpfe zwischen den Knien, während sie auf ein Taxi warteten.

„Wir konnten noch nicht einmal eine Zigarette anzünden, denn wenn sie das gesehen hätten, dann …" Er pfiff leise und bewegte seine Hand auf mich zu, wie eine Gewehrkugel. „Ich erinnere mich noch, wie ich mich gefragt habe, ob ich noch am Leben teilnahm oder nicht. Ich war zwar in dieser Welt, aber ich lebte nicht wie ein Mensch."

Er drückte seine Hand fest auf die Brust, als ob er seine Menschlichkeit ausgraben wollte. Bald nach diesen Erlebnissen kam eine Leiterin der Frauenarbeit von Musalaha auf ihn zu und erzählte ihm von einer freien Stelle in der Jugendarbeit. Zunächst war er beunruhigt, weil er nicht wusste, was die Leute in seinem Heimatdorf von Musalaha halten würden. Vielleicht meinten sie, er würde sich mit dem Feind zusammentun und Informationen weitergeben. Er fragte seine Familie und enge Freunde um Rat, bevor er schließlich zustimmte. Im August 2007 begann er, für ein Jahr bei Musalaha zu arbeiten.

„Ich war so was wie ein Koordinator", erklärte er. „Ich sollte Treffen und Projekte organisieren. Das war eine große Hilfe für mich, besonders für meine jetzige Arbeit bei Jemima. Ich hätte nie gedacht, dass ich Gruppen leiten kann. Es war ein bisschen komisch, Leuten, die älter waren als ich, Anweisungen zu geben, ihnen zu sagen: ‚Geh dorthin' oder ‚Mach das'."

Wieder beugte er sich vor und rieb sich die Hände. Dann lachte er leise.

Yousef besuchte Kurse über biblische Geografie und den Nahostkonflikt. Er half Jugendlichen, vor einer Gruppe zu stehen und ihre Geschichte zu erzählen. Diese Tätigkeit schenkte auch ihm mehr Selbstvertrauen. Musalaha schickte ihn nach Dänemark. Dort sprach er in Kirchengemeinden über seine Erfahrungen mit Musalaha und die Begegnung mit der „anderen Seite", den Israelis. Er war bereits gläubig, aber erst jetzt erkannte er, dass die in ihm vergrabene Menschlichkeit auch in den Herzen der Israelis vergraben war.

„Ich gehe zum Kontrollpunkt, und ich muss lange warten. Ich bin müde und zu Recht wütend, aber dann sage ich: ‚*Hallas*, genug, ich habe jetzt jüdische Freunde. Ich kann diese Leute nicht hassen.‘" Er legte das Kinn auf seine gefalteten Hände und fügte lächelnd hinzu: „Ich bin ein friedliebender Mensch."

Yousef ging zur Wasserpfeife, zündete ein paar Holzkohlestückchen an und legte sie auf die Alufolie. Dann blies er vorsichtig auf die Holzkohle und rückte die Stückchen auf die kleinen Löcher in der Folie.

Ich erzählte ihm von Raeds Gedanken über Gerechtigkeit und von dem, was er als die „unhörbare Stimme" von Musalaha bezeichnet. „Die eine Seite unterdrückt die andere mit ihrer Besatzung, und das können wir nicht einfach unter den Teppich kehren", hatte Raed mir gesagt, „ich glaube, dass wir zusammen leben können, aber wir sind nicht gleich. Schließlich leben wir unter einer Besatzung. Klar leiden wir auf beiden Seiten, aber nicht auf dieselbe Art."

Yousef lehnte sich zurück. Der Schlauch der Wasserpfeife steckte zwischen seinen verschränkten Armen. Mit dem Mundstück kratzte er sich nachdenklich an der Stirn, und dann richtete er sich abrupt auf. „In gewisser Weise ist Musalaha unpolitisch." Er schüttelte den Kopf. „*Ya'ani*, okay, alles ist politisch. Ich meine, wenn wir von Gerechtigkeit hören, dann auf politische Art, nach dem Motto: Das ist mein Land, du tust mir unrecht und du solltest dafür bezahlen. Und, ja, wir sollten darüber reden, über die Besatzung."

Er lächelte. Dann hob er den Finger. Jetzt sah er aus wie ein Prophet. „Aber es gibt auch eine andere Gerechtigkeit, und die können wir nicht vergessen. Wenn ich Gerechtigkeit im politischen Sinne haben will, dann erwarte ich, dass diese Gesellschaft funktioniert. Aber aus der Sicht des Glaubens muss ich nach dieser anderen Gerechtigkeit streben …"

Er ließ seufzend die Schultern hängen. Er war frustriert, weil er sich nicht richtig ausdrücken konnte. Aber plötzlich sprach er weiter. „Ich will dir nicht zwei Begriffserklärungen geben, weil es für mich nur eine Gerechtigkeit gibt, aber wir erleben, wie die Gesellschaft diese Gerechtigkeit auf sehr verschiedene Weisen ausübt. Für mich bedeutet Gerechtigkeit: ‚Wir wollen zusammen leben in diesem Land, wir wollen einander lieben; wenn ich Hilfe brauche, hilfst du mir, und wenn du Hilfe brauchst, helfe ich dir.' Gerechtigkeit ist wie das Zusammensein von Brüdern. Ich meine damit nicht, dass wir alles Schlimme vergessen sollten. Denn schließlich ist das hier mein Land …"

Wieder legte er die Hand aufs Herz. Dann streckte er sie mir entgegen. „… aber gleichzeitig ist das dein Land. Es ist unser Land, weil wir alle davon leben und es jetzt brauchen. Das ist wahre Gerechtigkeit."

Erhoffte er sich, dass diese „Verteilungsgerechtigkeit" einmal Wirklichkeit werden wird?

Yousef beantwortete meine Frage wie aus der Pistole geschossen. „Klar habe ich Hoffnungen. Wenn nicht, mache ich gar nichts mehr und fange an, Haschisch zu rauchen."

Er brach in schallendes Gelächter aus und verpasste mir einen klatschenden Schlag auf die Hand. Dann wischte er sich die Tränen aus den Augen und blies wieder auf die Holzkohlestückchen. Er hatte noch immer nicht damit begonnen, seine Wasserpfeife zu rauchen.

„Ich wünschte, ich hätte genug Geld, um den Leuten zu helfen, deren Familien in der Intifada umgekommen sind", sagte er leise. Er senkte die Stimme, während er wieder ernst wurde. „Ich wünsche mir manchmal, ich könnte die Stelle Gottes einnehmen und alle diese Regeln und Kriege beenden und etwas Neues anfangen … ein neues Leben, ein neues Testament."

Er wirkte so, als ob er jetzt zu sich selbst sprechen würde. Wieder sah er aus dem Fenster und hatte die Arme vor der Brust verschränkt. Er schien sich zum Fenster hingezogen zu fühlen, zu den offenen Räumen, die Freiheit von der Einengung zu verheißen schienen.

„Wir sollten einfach danach leben", sagte er mit einem bestätigenden Kopfnicken. „Wir sollten auf den kleinen Dingen aufbauen. Muslime kennen Jesus Christus auch, aber auf eine andere Art. Darauf können wir aufbauen. Wir sollten es nicht nur den Politikern überlassen, denn diese Situation, das bin ich, das bist du, das ist er, das ist meine Mutter, mein Vater und das sind die von der anderen Seite."

Yousef stand auf und ging zum Fenster. Er schüttelte die geballte Faust und rief: „Gerechtigkeit! Sei willkommen!"

Wie im Chor antwortete ihm ein lautes Hupen. Und dann umgab uns wieder die nächtliche Stille. Yousef drehte sich mit einem breiten Grinsen zu mir um. „Du kennst doch die Geschichte von Jericho. Vielleicht können wir heute auch sieben Mal um diese Mauer herumgehen …"

Zum Schluss

Als ich mir erste Gedanken über dieses Nachwort machte, wollte ich ganz bestimmte Aussagen meiner Gesprächspartner herausgreifen. Ich wollte ein paar verwirrende Sichtweisen infrage stellen. Wie jeder andere Leser, jede andere Leserin dieser persönlichen Erfahrungen hörte ich Ansichten, die mich beunruhigten. Ich hörte falsche Darstellungen geschichtlicher und aktueller Ereignisse. Ich stellte mir vor, wie ich einige dieser falschen Darstellungen korrigieren könnte. Aber auf diesen wenigen Seiten könnte ich diese komplexe Thematik nicht befriedigend behandeln, und ich könnte ihr auch nicht gerecht werden. Und sollte ich es wirklich tun, selbst wenn ich dazu in der Lage wäre? Natürlich sollten wir manches infrage stellen, und natürlich sollten wir entsprechend reagieren, aber ich weiß nicht so recht, ob es angemessen ist, wenn ich meine Stimme zu deutlich in diese Sammlung von Geschichten einfließen lasse. Es erscheint mir sogar noch weniger angemessen am Ende dieses Buches, zumindest bei diesem speziellen Projekt. Pierre Tannous hat recht, wenn er sagt: „Wir sollten Leute von außerhalb an unseren Erfahrungen teilhaben lassen. Dann können sie selbst entscheiden, wo Recht und wo Unrecht ist."

Dann dachte ich mir, dass ich in einem eher allgemeinen Sinne auf das Gehörte reagieren sollte. Anstatt bestimmte Aussagen punktuell herauszugreifen, wollte ich ständig auftauchende Motive hervorheben und mich auf die Unterschiede zwischen der israelischen und der palästinensischen Gesellschaft beziehen. Aber wieder verbieten mir der enge Rahmen und das fehlende Hintergrundwissen eine gründliche Auseinandersetzung über gesellschaftlich-kulturelle Problematiken, ohne sie verzerrt darzustellen. Außerdem erweisen sich allgemeine Äußerungen als sehr schwierig, wenn man keinen Standort hat, von dem aus man sich bewegen oder reagieren kann. Ohne Genauigkeit im Detail ist ein solches Vorgehen unmöglich.

Stattdessen möchte ich kurz meine persönlichen Eindrücke von den Geschichten und meinen Gesprächspartnern schildern. Ich habe schwierige Geschichten und ebenso schwierige Meinungen gehört. Sie haben meine eigene Sicht infrage gestellt, mich gleichzeitig frustriert und bereichert. Während der ganzen Zeit, als ich die Interviews führte, meine Notizen in den Computer tippte und die Geschichten niederschrieb, wurde ich ständig konfrontiert mit Meinungen, die von meinen eigenen Sichtweisen abwichen. Ich war gezwungen, mich mit den Erfahrungen und Erlebnissen meiner Gesprächspartner auseinanderzusetzen. Meine vorgefassten Meinungen wurden infrage gestellt. Ich musste diese Ansichten auseinandernehmen und mir die Bruchstücke genauer ansehen. Ich musste zulassen, wie mein bisheriges Weltbild durch andere Sichtweisen der Wirklichkeit erschüttert wurde. Das war schwer für mich. Das war herausfordernd, frustrierend und bereichernd zugleich. Und es war notwendig, weil ich Gesichter sah, Namen erfuhr und Geschichten hörte. In diesen Momenten konnte für meine Gesprächspartner und für mich der Abbau von Vorurteilen beginnen.

Aber obwohl ich diesen Menschen begegnete und mit ihnen sprach, mit ihnen zusammen Tee trank, aß und bei manchen von ihnen übernachtete, konnte ich die meisten von ihnen nicht richtig kennenlernen. Eine Reihe von ihnen habe ich nur ein einziges Mal gesehen. Und die meisten konnten mich ebenfalls nicht richtig kennenlernen.

Das Bild, das andere von uns haben, ist oft eine idealisierte Darstellung, weil wir nicht jedem einen Blick hinter unsere Fassade erlauben möchten. Aber trotzdem gibt es noch genügend Raum für eine demütige Korrektur unserer vorgefertigten Geschichten. Wenn wir offen genug und bereit sind, unsere Geschichten neben die Geschichten anderer Menschen zu stellen, dann werden die Risse in unserer Fassade sichtbar. Und genau das haben meine Gesprächspartner zugelassen.

Wenn wir unsere Feinde lieben, bedeutet das noch lange nicht, dass uns immer gefällt, was wir über sie herausfinden. Bloß weil wir die Geschichte des anderen hören, heißt das noch lange nicht, dass wir alles unbesehen glauben müssen und jede Meinungsverschiedenheit auf magische Weise verschwindet. Wenn wir unsere Feinde lieben, und somit auch den Feind in uns selbst erkennen, den wir nach außen zeigen, dann bedeutet das auch eine radikale Umwandlung. Wer wir sind, ist nicht das, was wir über uns selbst glauben oder sagen. Wer wir sind, ist das, was wir tun, was wir aufgeben, was wir im Angesicht unserer Feinde ausleben. Wenn wir an diesem Prozess beteiligt sind, dann bedeutet das eine Einladung an uns, ständig loszulassen und uns mit etwas anderem erfüllen zu lassen.

Wir lernen dazu, wenn wir uns dem Gegensatz stellen.

So weit ich zurückdenken kann, hat mein Vater mir beigebracht, immer die Möglichkeit einzukalkulieren, dass ich mit einer Äußerung unrecht haben könnte (diese Kunst habe ich nie gemeistert und ich werde sie auch nie meistern). Mein Vater hat mir auch beigebracht, nicht nur die Welt durch die Linse der Bibel zu deuten, sondern auch die Bibel durch die Linse der Welt. Wenn ich diese alten, heiligen Texte lese, muss ich auch die Erlebnisse „der Geringsten meiner Brüder" im Gedächtnis behalten, weil sie von meinen Deutungen betroffen sind. Deshalb lese ich die Bibel mit innerer Spannung und dem Wissen über den Gegensatz und die Verschiedenheit.

Die Geschichten in meinem Buch sind in gewisser Hinsicht wie die Geschichten in der hebräischen Bibel, die im Missklang unterschiedlicher Erfahrungen Platz schaffen, damit die Wahrheit aufs Neue geschehen kann. Die Gotteserfahrung eines Mose passt nicht nahtlos zu der eines Hiob. Aber in der Auseinandersetzung, im Ringen mit Gott und mit anderen Menschen, entdecken wir einen neuen Sinn seiner Wahrheit, und die Spreu trennt sich vom Weizen.

Ich spürte diesen inneren Kampf, als ich meinen Gesprächspartnern zuhörte, und ich versuchte, mich diesem Kampf zu öffnen. Nach den Gesprächen fühlte ich mich oft erschöpft und ausgelaugt. Obwohl ich mit manchen Ansichten oder sogar manchen Weltbildern nicht übereinstimmen konnte und auch heute nicht kann, muss ich erkennen, woher diese Leute gekommen sind, wo sie sich jetzt befinden und wo sie noch hingehen wollen. Meiner Meinung nach haben einige einen längeren Weg zurückzulegen als andere. Manche von ihnen müssen sich mehr im Loslassen üben als andere. Aber sie sind schon weiter gekommen, als sie waren, und sie haben mehr losgelassen als vorher. Trotz Meinungsunterschieden und Besorgnis muss ich dieses Bemühen anerkennen. Schließlich würde ich mir wünschen, dass meine Gesprächspartner genauso über mich denken wie ich über sie. Wir alle befinden uns auf diesem langen Weg.

Ich habe großen Respekt vor den Leuten, die ich interviewt habe. Ich habe genauer hingesehen und das wieder getan, als ich das Manuskript zu diesem Buch schrieb. Ich habe großen Respekt vor meinen Gesprächspartnern, weil die meisten von ihnen keine Ruhmesgeschichten über sich selbst erzählt haben. Die meisten haben demütig, ja sogar beschämt über die Dinge gesprochen, die sie früher gedacht und getan haben. Viele haben sogar die Vermutung geäußert, dass sie unrecht haben und in Zukunft vielleicht sogar ganz anders denken könnten. Manche waren sich nicht sicher, ob ihre Geschichten „spannend" oder „fesselnd" genug waren. Sie schienen zu erkennen, dass ihr Wesen sich nicht über ihre Worte in diesem Interview definiert, sondern über das, was sie tun.

Jeder meiner Gesprächspartner ist mehr oder weniger engagiert in der Arbeit von Musalaha. Sie engagierten sich, weil sie sich gemeinsam bekennen zu einer erlösenden Geschichte von einem Reich, einem Weg, einem Hochzeitsmahl, bei dem es weder Mann noch Frau gibt, weder Arm noch Reich, weder Jude noch Araber, weder Israelis noch Palästinenser. Hier geht es nicht um Imperialismus oder eine Form der Herrschaft, die Verschiedenheit zu einer farblosen Uniformität verschmelzen lässt. Israelis müssen nicht zu Palästinensern werden, und Palästinenser müssen nicht zu Israelis werden. Inmitten hitziger Debatten über verschiedene Identitäten müssen wir bedenken, dass wir unsere Identität zunächst verlieren müssen, um sie zu finden. Und wir werden unsere Identität nicht finden, weil wir sie verlieren, sondern weil das Verlieren selbst schon das Finden ist.

Ich hoffe, dass die Geschichten in diesem Buch uns beim Akt des Verlierens helfen, weil dieser Akt notwendig ist, damit Versöhnung geschehen kann. Der lateinische

Begriff für „Versöhnung" bedeutet „wiedergutmachen".
Diese Form der Versöhnung ist wie fruchtbarer Boden,
auf dem Vergebung möglich wird. Um alte Vorurteile zu
überwinden, müssen wir uns zu einem neuen Vorurteil
durchringen, nämlich zu dem Vorurteil der Liebe zum
Nächsten, dessen Gesicht wir jetzt erkennen, dessen Namen wir jetzt verstehen und dessen Geschichte wir jetzt
hören. Mögen wir Ohren haben zu hören und Augen zu
sehen: *Frieden*, *Schalom* und *Salaam*.

Anhang: Versuch, einige Antworten zu finden

Der weitere Weg der Versöhnung

Als ich die Geschichten in diesem Buch las, hat mich der herzzerreißende innere Kampf der Erzählenden oft bewegt. Jede Geschichte war zutiefst persönlich, wenn die Gesprächspartner des Autors berichteten, was es bedeutet, sich als palästinensische Christen und messianische Juden miteinander zu versöhnen, angesichts der vielschichtigen, von Konflikten beladenen Realität in Israel und Palästina. Jonathan McRay hat eine hervorragende Arbeit geleistet, als er diese persönlichen Geschichten niederschrieb und überarbeitete. Mit seinen lebensnahen Schilderungen der einzelnen Personen, ihrer Lebensumstände und ihrer Lebensgeschichten hat er jeden dieser Berichte mit Leben erfüllt.

Wenn sich ein roter Faden durch die verschiedenen Erzählungen zieht, dann ist es die aufrichtige Auseinandersetzung mit Fragen des Glaubens und der Versöhnung, die in den Herzen der Erzähler stattfand und in ihren Geschichten zum Ausdruck kam. Im Prozess der Versöhnung geht es nicht nur um zwischenmenschliche Beziehungen, sondern vielmehr um Wege, wie man den Glauben, die Bibel, die Geschichte und die persönliche Erfahrung miteinander verbinden kann. Unterschiedliche theologische Auffassungen und Weltbilder bilden den Hintergrund der Geschichten und verleihen jeder geschilderten Perspektive ihren eigenen, subtilen Sinn.

Jede Geschichte schließt eine herausfordernde, persönliche Begegnung mit einem Vertreter der „anderen Seite" ein. Die meisten Erzählenden sind Musalaha dankbar, weil diese Organisation ihnen einen sicheren Raum für solche Begegnungen geschaffen hat. Die Wüste als neutrales Gebiet, ohne den sonst üblichen Komfort und außerhalb der Alltagsroutine, bildete oft den Rahmen für einen ersten Durchbruch. Unabhängig von den anfänglichen Gründen für eine Teilnahme an einer Wüstentour bot die umfassende Stille dieser Landschaft das Umfeld für die natürliche Entfaltung von Offenheit und Vertrautheit. An diesem auf das Wesentliche reduzierten Ort ohne Fluchtmöglichkeit begannen die Teilnehmer, die „anderen" als Menschen wahrzunehmen, die einem selbst sehr ähnlich sind. Die Stille in der Wüste ermöglichte das Zuhören, und die Berichte der Teilnehmer heben immer wieder diese Dynamik hervor. Das Zuhören war häufig der erste Schritt auf dem Weg zur Versöhnung. Echtes Zuhören und das Hören der schmerzlichen Geschichten anderer erforderte Offenheit und ein Hören mit dem Herzen.

Die Wüste hatte aber auch eine weitere Funktion. Sie ermöglichte es, dass man sich von vorgefassten Meinungen, Stereotypen und Ängsten über den oder die „anderen" frei machte. Diese karge Landschaft als Rahmen für bewusst herbeigeführte Begegnungen ist für Musalaha ein wichtiger Faktor für den Erfolg auf dem Weg zur Versöhnung.

Alle Gesprächspartner des Autors stellten sich bedeutenden Veränderungen an ihrer Identität oder ihrer Ideologie. Die Identität wird erst dann zum Problem, wenn sie infrage gestellt wird. Die Begegnung mit dem oder der „anderen", der oder die so ganz anders ist als man selbst und sogar noch ein „Feind", stellt die persönliche Identität, die eigene theologische Auffassung und Ideologie infrage. Alle Erzählenden berichten von einem Prozess, in dem sie ihre Identität und/oder die Geschichte ihres Volkes einer erneuten Prüfung unterziehen. Es war interessant festzustellen, wie häufig sich die Einschätzung der Betreffenden über sich selbst oder den anderen änderte, sobald sie eine andere Sichtweise hörten. Wenn ihre Identität infrage gestellt wurde, mussten sich die Teilnehmer selbst in einem weiteren Blickwinkel wahrnehmen, im Verhältnis zu anderen, gleichwertigen Personen, die manchmal mit ihrer eigenen Identität in Konflikt standen.

Musalaha half dabei, diesen Prozess in Gang zu setzen, den einzelnen Teilnehmern einen Rahmen zu bieten, in dem sie sich später selbst den entstandenen Fragen stellen konnten. Die Rolle, die Musalaha hier spielte, bestand darin, Fragen zu stellen, ohne fertige Antworten anzubieten. Diese Methode fordert die Teilnehmer heraus, für den weiteren Prozess der Versöhnung selbst die Verantwortung zu übernehmen. Musalaha sollte auch weiter in diesem Prozess eher als Katalysator dienen und nicht als Vermittler von Normen.

In den Berichten wurde häufig die Frage nach der Theologie vom Land aufgeworfen. Die beiden Seiten unterscheiden sich deutlich in ihrem Verständnis und Blickwinkel. Für viele der jüdischen Gesprächspartner ist das Land dem jüdischen Volk von Gott verheißen und gehört deshalb Israel. Dieser Punkt ist nicht verhandelbar. Eine Beziehung zu denjenigen Palästinensern herzustellen, die eine andere Auffassung über die biblischen Aussagen haben, ist eine oft schmerzhafte Herausforderung für jüdische Israelis und diejenigen, die durch Heirat mit ihnen verbunden sind. Die Palästinenser haben zu diesem Thema zwar eine andere Sichtweise, aber es gibt verschiedene Spielarten. In ihren Augen ist die Frage nach der Gerechtigkeit von größerer Bedeutung. Musalaha könnte die theologischen Aspekte dieser Frage in die Diskussionen mit einbeziehen und auf der Grundlage persönlicher Beziehungen den tiefer gehenden Austausch über theologische Fragen erleichtern.

Einige Interviewpartner ließen durchblicken, dass das Gespräch über theologische Themen bei Musalaha eine untergeordnete Rolle spiele. Vielleicht ist das Zusammengehörigkeitsgefühl noch nicht stark genug, damit Musalaha sich der Herausforderung einer tief gehenden theologischen Diskussion stellen kann. Da die Organisation ihre Arbeit hauptsächlich auf der Grundlage eines gemeinsamen Glaubens aufbaut, müssen diese Fragen zur Sprache gebracht werden, wenn der Prozess der Versöhnung Fortschritte machen soll.

Auf der persönlichen Ebene stellten die Interviewpartner ihren eigenen Glauben in den Vordergrund. Allen ermöglichte dieser Schwerpunkt eine Offenheit gegenüber ihren Geschwistern, die unterschiedlicher Herkunft sind und deren nationale Hoffnungen unvereinbar mit ihren eigenen sind. Die Liebe zu Gott, ihre Mitmenschlichkeit, die Identifizierung mit dem Leid des jeweils anderen, Vergebung und das Bestreben, die bei Veranstaltungen von Musalaha entstandenen Beziehungen weiterzuführen, bilden sowohl den Ausgangspunkt als auch den weiteren Weg für die Versöhnung. Musalaha sollte sich auch auf lange Sicht dieser Dynamik bewusst sein.

In vielen der Geschichten kam ein weiteres Motiv zum Ausdruck, und zwar der Mut, der richtige Ort und der Entschluss. Wieder und wieder erschienen in den Berichten Sätze wie: *„Ich habe mich entschlossen, nicht in*

Angst zu leben" oder: *„Ich habe mich entschlossen, alle Menschen zu lieben."* Oft sprachen die Interviewpartner von ihren Ängsten oder von den Risiken, die mit einer Begegnung mit Leuten von der „anderen Seite" verbunden sind. Die Leute zeigten eine erstaunliche Bereitschaft, sich angreifbar zu machen. Alle bewiesen großen Mut, weil sie sich dem Schmerz ihrer Brüder und Schwestern von der anderen Seite öffneten. Manchmal war dieses Sich-Öffnen begleitet von Verwirrung und Schuldgefühlen angesichts dessen, was die eigenen Leute den anderen angetan haben. Bei den von Musalaha initiierten Begegnungen scheint eine Auseinandersetzung mit Fragen nach Scham oder Schuld erforderlich zu sein. Auch in den angebotenen Kursen könnte es hilfreich sein, wenn man den Schwerpunkt auf die Bedeutung und Macht der persönlichen Entscheidung legen würde.

Dass Musalaha sich gegen große Konferenzen und für Veranstaltungen mit kleineren Gruppen entschieden hat, unterstreicht die Bedeutung persönlicher Begegnungen. Das Format der Gruppenarbeit begünstigte das vertraute Miteinander der Teilnehmer. Gespräche in kleinen Gruppen ermöglichten den Teilnehmern den offenen und ehrlichen Umgang miteinander.

Die Tatsache, dass diese Gruppen bereits seit Jahren bestehen, ist ebenfalls ein positiver Faktor. Musalaha sollte dieses Format weiter verwenden und ausweiten. Ein weiterer Vorschlag: Man könnte zusätzlich zur bestehenden Arbeit auch Gruppen mit speziellen Schwerpunkten oder Aktivitäten bilden.

Ich habe in den Geschichten jedoch auch eine weniger erfreuliche Tendenz festgestellt. Obwohl einer gewissen Hoffnung Ausdruck verliehen wurde, bemerkt man eine unterschwellige Unzufriedenheit mit den aktuellen Zuständen. Bei manchen Berichten kam diese Unzufrieden-heit in den Schlussworten zum Ausdruck, in denen noch einmal das vorher erwähnte theologische Verständnis der Interviewpartner hervorgehoben wird. Bei anderen waren es zaghaft geäußerte Hoffnungen auf einen mögli-chen Frieden. Musalaha steht hier vor der Herausforde-rung, seinen Teilnehmern Mut und Hoffnung zu machen. Das ist keine leichte Aufgabe, weil das gesellschaftliche und politische Umfeld weiterhin unberechenbar und in-stabil ist.

Musalaha hat in der entscheidenden Arbeit der Ver-söhnung zwischen messianischen Juden und palästinen-sischen Christen einen großen Beitrag geleistet. Trotzdem ist noch viel zu tun. Versöhnung ist ein langer Weg. Die Geschichten in diesem Buch bringen auf ergreifende Wei-se die Schönheit, den Schmerz und die Herausforderun-gen dieses Weges zum Ausdruck. Musalaha kann seine Initiative weiter ausbauen, andere zum Engagement er-muntern und von den Erfolgen, Herausforderungen und Fragen lernen, die in diesen und anderen Geschichten er-kennbar werden. Ich hoffe, dass dieses Buch noch viele Menschen dazu bewegt, sich auf den Weg zur Versöh-nung zu machen und ihre Geschichten zu erzählen.

Lisa Loden,
ehemalige Direktorin des Caspari Center for Biblical and Jewish Studies in Jerusalem, Mitglied im Vorstand von Musalaha und Dozentin am Evangelikalen Theologi-schen Seminar in Nazareth

Auch vorgefasste Meinungen
sind nicht immer endgültig

Wenn man die Geschichten in diesem Buch liest, wird deutlich, dass beide Seiten ihre vorgefassten Meinungen über den jeweils anderen mitbringen. Diese Meinungen sind geprägt von der persönlichen Erfahrung und der Gesellschaft, in der jemand lebt. Die meisten Israelis haben ihre erste Begegnung mit Palästinensern während ihres Militärdienstes. Für die meisten Palästinenser dagegen war ihre erste Begegnung mit Israelis ein Erlebnis mit einem israelischen Soldaten. Wir können die Dynamik der Versöhnungs-(*musalaha-*)Begegnungen nicht verstehen, wenn wir diesen Punkt außer Acht lassen. Es ist niemals leicht für einen Menschen, sich von vorgefassten Meinungen und Stereotypen zu lösen. Jeder bringt sie mit in die erste Begegnung. Das muss sich ändern, wenn man Versöhnung erreichen will.

Deshalb ist für den Palästinenser der „andere" der Feind, der Vertreter der Besatzungsmacht, der Unterdrücker, derjenige, der die Mauer gebaut hat. Er ist der Soldat, der ihn am Kontrollpunkt aufhält. Der „andere" ist derjenige, den der Palästinenser immer gehasst hat. Für die Israelis ist der „andere" derjenige, der ihre Wohngebiete beschießt, derjenige, den sie während des Militärdienstes bekämpfen und der Grund für ihr Leben in Angst.

Palästinenser haben Geschichten zu erzählen – viele Geschichten! Sie fahren täglich durch Kontrollpunkte, sie (oder ihre Familienangehörigen) sind verhaftet worden, sie werden von oben herab behandelt, erniedrigt, diskriminiert oder hatten ein traumatisches Erlebnis. All das prägt ihre Sichtweise über den „anderen". Der Kontrollpunkt, die Mauer und Geschichten wie die in diesem Buch erschaffen ein inneres Bild vom anderen und von sich selbst. „Wir sind nicht gleich", denkt der Palästinenser. „Ich habe israelische Soldaten gehasst."

Den Palästinensern geht es um Gerechtigkeit. Sie sind bereit zur Vergebung und zur Versöhnung, aber nur dann, wenn von der anderen Seite her Zeichen der Reue oder wenigstens des Mitleids zu erkennen sind. Sie fühlen sich als Opfer und deshalb wollen sie eine Entschuldigung hören. Erst dann sind sie zufrieden. Das erwarten sie von diesen Begegnungen. Musalaha ermöglicht ihnen die Bekanntschaft mit einem neuen „anderen", einem Israeli, der Mitgefühl mit ihnen hat, dem es leidtut, was die Soldaten ihnen antun, und die sich schämen, weil sie selbst einmal Soldaten waren. Weil er einen neuen Freund gefunden hat, ist der Palästinenser jetzt sogar bereit, die theologischen Meinungsverschiedenheiten zurückzustellen und den ersten Schritt zur Versöhnung zu machen. Er ist jetzt bereit, den Soldaten als „jungen Kerl" zu sehen, der nicht unbedingt von Natur aus böse ist. Er ist bereit zu der Erkenntnis, dass es vielleicht auch gute Soldaten gibt und dass auch Israelis unter dem Konflikt leiden.

Ich vermute, dass der Palästinenser nicht zu weiteren Schritten bei der Versöhnung oder Vergebung bereit ist, wenn der andere, dem er begegnet, keine Anzeichen von Mitleid oder Reue zeigt. Die Palästinenser sind skeptisch gegenüber einer Theologie, die keine Elemente von Gerechtigkeit einschließt. Das liegt an ihren Erlebnissen (Geschichten). Eines kann man ihnen nicht erzählen: „Die Bibel sagt, dass das der Wille Gottes ist und alles nach seinem Plan geschieht." Damit für den Palästinenser Versöhnung geschehen kann, reicht es nicht aus, wenn sein Gegenüber Christ ist. Vielmehr muss sein Gegenüber seinen Schmerz mitempfinden können, seine Geschichte verstehen und seinen Appell an die Gerechtigkeit erkennen.

Während Palästinenser Geschichten zu erzählen haben, verlassen sich die Israelis eher auf ihre Theologie. Diese Theologie hat ihre Geschichte entstehen lassen. Ihre Einwanderung nach Israel erklärt sich hauptsächlich aus ihrer theologischen Auffassung über das Land, das Volk und den Bund Gottes. Daraus beziehen sie ihre Existenzberechtigung.

Es gibt jedoch eine eindeutige Spannung in den Herzen und im Verstand jener Israelis, die hier ihre Geschichten erzählt haben. Einerseits sagt ihnen ihre theologische Auffassung, dass sie zu diesem Land gehören, dass ihnen dieses Land von Gott gegeben wurde und sie an der „Sammlung des jüdischen Volkes" teilhaben. Andererseits sind da die palästinensischen Christen, ihre Geschwister in Christus, die sie an die tragischen Folgen ihrer theologischen Auffassung erinnern. Wenn Israelis (die an Jesus als Messias glauben; d. Übers.) palästinensischen Christen begegnen, werden ihre christliche Ethik und ihr Bewusstsein infrage gestellt. Sie wollen jedoch nicht, dass diese Begegnung ihre theologische Auffassung infrage stellt, denn dann müssten sie infrage stellen, „was sie glauben mussten, um hier leben zu können". Das führt natürlich zu Spannungen.

Angesichts dieser Herausforderung und Spannung müssen sich Israelis ihre Theologie (die in Wirklichkeit ihre Geschichte ist) in Erinnerung rufen. Fast alle sind sie Einwanderer aus der ersten oder zweiten Generation (Juden, die *Alija* gemacht haben). Sie wissen nicht, wie „das alles politisch umgesetzt werden kann", und sie bedauern aufrichtig die Folgen bestimmter politischer

Entscheidungen. Aber sie zeigen keine Reue. Sie leugnen nicht, dass Gott auf ihrer Seite ist. Aber Gott ist auch auf der Seite der palästinensischen Christen. Darin liegt das Dilemma.

Deshalb verschließen viele ihre Augen vor dem Leid der Palästinenser. Sie begegnen der Geschichte der Palästinenser nach wie vor mit Skepsis und sagen zum Beispiel, dass 1948 „Palästinenser freiwillig das Land verlassen haben". Deshalb ist es verständlich, wenn Musalaha von manchen eine propalästinensische Haltung unterstellt wird. Meiner Meinung nach geht man auf diese Weise der Herausforderung durch palästinensische Christen aus dem Weg. Während sich manche Teilnehmer von der israelischen Seite als „Anhänger der politischen Linken" bezeichnen, wollen die „Anhänger des rechten Lagers" sich nicht der Herausforderung stellen und ihre theologische Auffassung mit den Geschehnissen in den Palästinensergebieten in Einklang bringen.

Manche haben erwähnt, dass sie sich bei ihrer ersten Begegnung mit Palästinensern unwohl gefühlt hätten und die Palästinenser versucht hätten, ihnen Schuldgefühle einzureden. Für mich sind jedoch die wahren Radikalen diejenigen, die sich entschließen, den Weg der Versöhnung weiterzugehen, indem sie versuchen, in ihrer Identität, Theologie und Glaubenspraxis einen Sinn zu finden. Diese Menschen sind im wahrsten Sinne des Wortes radikale Nachfolger Jesu Christi.

Die Begegnung in der Wüste, auf „gleicher" Ebene, ist eine außergewöhnliche Idee. Teilnehmer von beiden Seiten haben das auf direkte und indirekte Art zum Ausdruck gebracht. Die erste Begegnung bringt beide Seiten zusammen, auf neutralem Gebiet. Palästinenser kommen mit einem Gefühl der „Unterlegenheit", der „Ungleichheit" oder der „Unterdrückung", während Israelis ihre Ängste und militärische Erfahrung mitbringen. Es muss so manches Eis gebrochen und so manche Mauer eingerissen werden, bevor man über Versöhnung sprechen kann. Die Wüste befreit uns von den materiellen Dingen, die uns trennen. Hier gibt es keine Soldaten in Uniform, keine Menschen mit Gesichtsmaske, keine schönen Kleider. Hier gibt es weder Arme noch Reiche. Die Wüste reduziert uns auf das Wesentliche, auf die Grundlage dessen, was uns als Menschen ausmacht.

Vielleicht kommen Palästinenser und Israelis zu diesen Begegnungen in der Wüste in der Hoffnung, den oder die „anderen" zu verändern. Das Erstaunliche an den Geschichten in diesem Buch ist jedoch, dass fast alle Erzählenden erwähnen, wie eine bedeutende Veränderung stattfand, nicht in den anderen, sondern in ihnen selbst. Ob es sich nun um eine „Wandlung des Herzens" handelte oder eine „Umwandlung unserer Gefühle" oder um etwas, das „die Seele gereinigt hat" oder die Erkenntnis, dass „ich nicht mehr hassen kann" – immer wieder erleben die Betroffenen, dass Gott Veränderung bewirkt, in der Herzenshaltung, bei vorgefassten Meinungen und Stereotypen. Versöhnung beginnt, wenn Gott uns verändert, damit wir unser Gegenüber mit neuen Augen sehen können. Die radikalste Veränderung geschieht, wenn wir uns vom Hass weg zur Liebe und zur Akzeptanz hin bewegen.

Trotz aller damit verbundenen Schwierigkeiten findet Versöhnung noch immer statt. Trotz der Ängste, trotz der inneren Spannungen, des Ringens um Akzeptanz und Vergebung und trotz der Verzweiflung und der fehlenden Hoffnung auf Frieden geht Versöhnung weiter. Trotz der unterschiedlichen theologischen Auffassungen und der Meinungsverschiedenheiten macht die Versöhnung Fortschritte. Warum? Weil diese Christen erkannt haben, dass Versöhnung möglich ist „durch die Einigkeit in einem gemeinsamen Glauben". Weil diese Christen das Gebot aus 1. Johannes 4,20 ernst nehmen: „Wenn jemand spricht: Ich liebe Gott, und hasst seinen Bruder, der ist ein Lügner." Sie nehmen auch die Worte in Epheser 2,14-16 ernst: „Denn er ist unser Friede, der aus beiden eines gemacht hat ..." Sie erkennen, dass ihr Gegenüber nicht nur ein Mensch ist, nach dem Bild Gottes geschaffen, sondern ihnen wird jetzt auch deutlich, dass ihr Gegenüber wertvoll ist.

Sie erkennen die Notwendigkeit von Vergebung und Versöhnung. Die Welt braucht beides. Denn „wenn arabische und jüdische Gläubige nicht miteinander in Frieden leben können, wer kann es dann?" In seinem Gebet sagt unser Herr Jesus Christus: „... damit sie alle eins seien. Wie du, Vater, in mir bist und ich in dir, so sollen auch sie in uns sein, damit die Welt glaube, dass du mich gesandt hast" (Johannes 17,21).

Munter Isaac,
Dozent und stellvertretender Dekan am Bethlehem Bible College, zurzeit Doktorand am Zentrum für Missionsstudien in Oxford

Gräben, Idealisierung der Opferrolle und theologische Hürden

Vor allem möchte ich meinem Freund Jonathan McRay danken, dass er sich voll und ganz in dieses Projekt eingebracht hat. Ich weiß, dass es mindestens genauso frustrierend und herausfordernd war, diese Geschichten niederzuschreiben und zu überarbeiten, wie die Begegnungen, von denen sie berichten. Ich hoffe, dass dieser Prozess auch bereichernd war. Diese geschickt geschriebenen Geschichten vermitteln fesselnde Einblicke in das Leben von Christen und messianischen Juden in Israel und Palästina. Ich weiß es auch zu schätzen, dass Jonathan immer wieder die Gerechtigkeit hervorhebt. Dieses hohe Ideal wird von uns allen auf unterschiedliche Weise gedeutet. Dennoch erfordert es die Gerechtigkeit, die Deutung unserer Schwestern, unserer Brüder und unserer Feinde zu respektieren, noch einmal hinzuschauen, und das immer wieder. Diese Einblicke nehmen uns hinein in den Zyklus des Respekts, wenn wir unsere Augen aufmachen, um noch einmal hinzuschauen.

Die Geschichten in diesem Buch zeigen ermutigende Stärken in der Arbeit und dem Fortschritt von Musalaha. Einige Gesprächspartner erwähnen, dass viele ihrer ersten Begegnungen mit „der anderen Seite" in einem militärischen Umfeld stattfanden, entweder als Soldat oder als Person, die von Soldaten schlecht behandelt wurde. Von ihrem Wesen und ihrer Aufgabe her sind Soldaten in den Prozess der Entmenschlichung eingebunden, sowohl in Bezug auf andere Soldaten als auch auf den „Feind". Die von Musalaha organisierten Begegnungen in der Wüste sind deshalb so erfolgreich, weil die Wüste ein Ort ist, an dem die „Machtbalance" neutralisiert wird und die Teilnehmer in der Lage sind, „sich gegenseitig als Menschen wahrzunehmen", wie einer der Gesprächspartner es ausdrückte. Eine junge Israelin, die an einer solchen Wüstentour teilgenommen hatte, bemerkte: „Wir haben sehr schnell gelernt, wie das Gegenteil von Entmenschlichung funktioniert."

Am besten wird diese Erfahrung verkörpert von dem jungen Palästinenser, der wegen der erlebten Unterdrückung „israelische Soldaten hasste", aber in der Wüste Segen, Trost und Reinigung erlebte – durch die Stimme und die Berührung eines israelischen Soldaten, der gleichzeitig sein Bruder in Christus war.

Wir lesen in den Geschichten, dass diese Rückkehr zur Menschlichkeit manchmal zu echten, lebensverändernden Freundschaften führt. Diese Beziehungen sind stärker als jedes politische oder theologische Programm. Sie stärken unser Einfühlungsvermögen, verleihen unserer komplexen und zusammengesetzten Identität eine Gestalt und befähigen uns zu tätiger Liebe.

Aber es ist auch offensichtlich, dass dieser Prozess der Versöhnung noch nicht abgeschlossen ist. Es gibt noch immer „Barrieren der Trennung", die manchmal so konkret sind wie die Mauer aus Stacheldraht und Beton, die sich durch das Westjordanland schlängelt. Ich möchte drei von ihnen kurz umreißen. Es handelt sich um tief verwurzelte, widersprüchliche Erzählweisen, die Idealisierung der Opferrolle und theologische Hemmnisse auf dem Weg zur Versöhnung.

„Der erste Schritt ist getan, wenn wir offen sind, um den Geschichten anderer zuzuhören", sagte einer der Teilnehmer. Musalaha macht tatsächlich langsame, aber stetige Fortschritte, wenn es darum geht, dass beide Seiten sich für die Geschichten öffnen, die sie bisher

geflissentlich überhört haben. In unseren Gesellschafts-
systemen neigen wir dazu, uns in unseren Geschichten
einzugraben, so wie bei den Schützengräben im Ersten
Weltkrieg, den faktischen Grenzen in einem hoffnungs-
losen Krieg mit vielen Toten und wenigen Fortschritten.
Wenn wir bei solchen Begegnungen jedoch bereit sind,
zuzuhören und uns in die Erzählung des anderen einzu-
bringen, lassen wir zu, dass unsere eigene Identität infrage gestellt, demontiert und bereichert wird. Dann tritt
die Sinnlosigkeit unserer eigenen tiefen „Gräben" deutlich zutage.

Immer wieder erwähnten die Gesprächspartnerinnen
die große Wirkung einer Konferenz, bei der sich eine Holocaust-Überlebende und eine Frau, die die *Nakba* erlebt
hatte, begegneten. Das Zeugnis dieser beiden Frauen war
bewegend und herausfordernd zugleich. Dennoch liegt
noch ein langer Weg vor uns. Wir sind noch immer regelmäßig verärgert von unseren jeweiligen Geschichten und
oft auch von unseren gegenseitigen Erwartungen. Manche Gesprächspartner/innen (von beiden Seiten) ließen
sich abschrecken, als die anderen von ihnen erwarteten,
die Schuld für Taten ihres Volkes oder ihrer Vorfahren
auf sich zu nehmen. Hier stellt sich für mich zwangsläu-
fig die Frage, ob diese Erwartung nicht auch eine Form
von Entmenschlichung ist. Meiner Meinung nach zeigt
sich darin eine Haltung, bei der wir unser Gegenüber
als Volk oder als ethnisch-religiöse Gruppierung wahrnehmen und nicht als Mensch. Anstelle von Schuld, Ver-
urteilung und Entschuldigungen sollten wir Mitgefühl,
Barmherzigkeit und tätige Liebe erwarten.

Diese tiefe Sehnsucht nach einer Entschuldigung ist
eng verbunden mit der zweiten Barriere, die uns trennt,
nämlich der Idealisierung und der übergroßen Wertschät-

zung der Opferrolle. Manchmal scheint es, als ob die beiden Seiten darum wetteifern, wer von ihnen das größere Opfer ist. Auf einen westlichen Beobachter des Konflikts mag das seltsam und fast wie eine Form des Aberglaubens wirken, aber sowohl im Hebräischen als auch im Arabischen wird nicht zwischen einem Opfer im weltlichen und einem Opfer im religiösen Sinn unterschieden. In westlich geprägten Kulturen gibt es eine eindeutige Trennung dieser beiden Funktionen, während im semitisch geprägten Kulturkreis beide ein und dasselbe sind. Durch die zentrale Rolle des Opfers, das Jesus für uns gebracht hat, kann diese Idealisierung der Opferrolle in christlichen und messianischen Kreisen sogar noch weiter gesteigert werden.

Meiner Meinung nach ist es keine Lösung, wenn man diesem Problem das sprachlich-kulturelle Raster der westlichen Welt aufzwingt. Stattdessen sollten wir gemeinsam lernen, wie man sich auf die richtige Art opfert. Für mich gehört diese Problematik zu den in Israel und Palästina am wenigsten erforschten Gedankenmodellen über Versöhnung vom Glauben her. Deshalb sollten wir uns unbedingt damit beschäftigen.

Die dritte und am deutlichsten ausgeprägte Barriere ist meiner Meinung nach theologischer Natur. Das auf der israelischen Seite wohl größte Hindernis auf dem Weg zur Versöhnung ist die Vorstellung von der Einzigartigkeit Israels. Diese Barriere besteht aus zwei Schichten. Erstens wird dem modernen Staat Israel eine übergroße theologische Bedeutung beigemessen. Zweitens wird Israel mit einem anderen theologischen Maßstab gemessen als andere Völker.

Die erste Schicht tritt oft zutage, weil messianische Juden in Israel nicht zwischen dem *Volk Israel* (oder dem jüdischen Volk) und dem *Staat Israel* unterscheiden. Außerdem gibt es im Hebräischen (und Arabischen) keine klare Unterscheidung zwischen „Israelis" und „Israeliten". Deshalb wenden messianische Juden alte Weissagungen über die Wiederherstellung Israels auf den modernen Staat Israel an. Ich möchte an dieser Stelle betonen, dass es sich um eine legitime, angemessene und notwendige Auslegung handelt, aber nicht um die *einzige* Auslegung, die angemessen und notwendig ist. Die meisten dieser Weissagungen beziehen sich ursprünglich auf die Wiederherstellung Israels im sechsten und siebten Jahrhundert v. Chr. Deshalb ist jede Anwendung dieser Prophezeiungen auf aktuelle Situationen (und solche Anwendungen sind unerlässlich, damit der Text für uns heute einen Sinn bekommt) notwendigerweise „midraschartig".

Der Midrasch ist eine jüdische Methode der Schriftauslegung, die bewusst über den Pschat (den buchstäblichen Sinn des Textes) hinausgeht und stattdessen den Text auf schöpferische Weise liest, unter Anwendung von Wortspielen, Allegorien und allgemeinem Erfindungsreichtum. Mit dieser Methode lässt sich der Text auf neue Situationen und neue Bedürfnisse anwenden. Wenn wir als messianische Juden in Israel dieses midraschartige Bibelverständnis bewusster einsetzen würden, würden wir auch andere Anwendungen der prophetischen Texte zulassen, die den Palästinensern Hoffnung vermitteln könnten. Und wenn wir an die Unterscheidung zwischen jüdischem Volk und jüdischem Staat denken würden, könnten wir eine irrtümliche Verwechslung von Freiheit und Souveränität vermeiden. Letztere könnte sogar der wahren Freiheit (zum Beispiel der Freiheit von der Rolle des Unterdrückers) in die Quere kommen.

Die zweite Schicht der theologischen Barriere ist eine falsche Schlussfolgerung über die Einzigartigkeit Israels, die so lautet: Da Israel wegen seines göttlichen Ursprungs und seiner Bestimmung unter den Staaten der Welt eine einzigartige Stellung einnimmt, gelten auch andere Regeln für Israel. Das Völkerrecht und allgemeine Maßstäbe für Gerechtigkeit gelten als von Menschen geschaffene, „humanistische" Konzepte, die im Widerspruch zur „Gerechtigkeit Gottes" stehen. Letztere wird im Wesentlichen gleichgesetzt mit einer gewissen Willkür, nach der Israel tun kann, was es tun muss, um seine Oberhoheit über das Land auszuweiten. Nicht alle messianischen Juden denken so, aber wenn man von der theologischen Einzigartigkeit Israels überzeugt ist, liegen solche Schlussfolgerungen nahe.

Dieses Denken steht jedoch in krassem Widerspruch zur Vision der Thora und der hebräischen Propheten (deren Texte zur Rechtfertigung dieser theologischen Auffassung herangezogen werden). In der hebräischen Bibel bekräftigt der Herr, dass seine Fürsorge für Völker und Länder weit über Israel hinausreicht, denn er ist der Gott, der „Israel aus Ägyptenland geführt und die Philister aus Kaftor und die Aramäer aus Kir" (Amos 9,7).

Auch auf palästinensischer Seite gibt es ernsthafte theologische Hemmnisse. Es scheint mir, als ob es unter palästinensischen Christen zwei theologische Grundtendenzen gibt. Die erste Tendenz besteht in einer faktischen Zweiteilung zwischen Land und Politik auf der einen und Glauben und Bibel auf der anderen Seite. Diese Vorgehensweise ist nicht nur für das Verständnis für die messianisch-jüdische Sichtweise und somit für die Versöhnung schädlich, sondern auch für die Palästinenser selbst. Wenn palästinensische Christen erfolgreich auf

Ziele wie Heiligkeit, Gerechtigkeit und Frieden in diesem Land hinarbeiten wollen, dann müssen sie den Begriff *Land* durchaus im Zusammenhang mit dem Glauben und der Bibel verstehen. Einen Hoffnungsschimmer sehe ich in der Bemerkung einer palästinensischen Gesprächspartnerin. Sie sagte: „Eines meiner schönsten Erlebnisse hatte ich, als wir alle gemeinsam das Abendmahl gefeiert haben. In diesem Augenblick spürt man, dass wir in Christus alle eins sind." Wenn wir, jüdische und palästinensische Nachfolger des Messias, gemeinsam das Abendmahl feiern, die Frucht dieses Landes teilen, dann begegnen wir gemeinsam dem gekreuzigten und auferstandenen Herrn, der im Abendmahl wahrhaftig gegenwärtig ist. In diesem Einssein erleben wir Versöhnung. Wenn wir Brot und Wein miteinander teilen, dann teilen wir auch miteinander das *Land*, das wir beide lieben.

Die zweite Tendenz unter Palästinensern besteht darin, dass man eine Theologie aufbaut, die in ihrer Gesamtheit reaktionär ist und gegenüber den dominanteren messianischen Konzepten über das Land als Apologetik dient. Häufig gehen diese reaktionären Auffassungen nicht gerade großzügig mit den Nöten und Sehnsüchten des jüdischen Volkes um. Manche fallen vielleicht sogar zurück in alte Muster einer christlichen Reichsgottestheologie, die die Gemeinde Jesu zum wahren Israel erklärt und deshalb den Anspruch auf Gottesnähe erhebt, während die nichtmessianischen Juden als von Gott verworfen dargestellt werden. Wenn eine Theologie der Versöhnung jedoch die gewünschte Wirkung erzielen soll, muss sie Räume schaffen für Juden und Muslime, muss deren Wege der göttlichen Erwählung und deren tiefe Verbindung zu diesem Land hervorheben.

Widersprüchliche Erzählweisen, die Idealisierung der

Opferrolle und theologische Hindernisse auf dem Weg zur Versöhnung bilden eine dreistufige Trennmauer, die scheinbar keinen Raum für den Frieden bietet. Die letzte Geschichte in diesem Buch gibt mir jedoch Hoffnung, wenn Yousef Khalil mit einem schelmischen Lächeln erklärt: „Du kennst doch die Geschichte von Jericho. Vielleicht können wir heute auch sieben Mal um diese Mauer herumgehen ..." Vielleicht können wir *gemeinsam* um diese Trennmauer herumgehen. Wir brauchen die drängenden Fragen nicht zu ignorieren, aber wir können die Mauer einreißen durch unser Miteinander und unser Einssein. Und wenn die Mauer auch nicht sofort einstürzt, dann können wir vielleicht hier und da ein Fenster hineinschlagen und wie Yousef dort stehen und gemeinsam rufen: „Sei willkommen!" Wir haben vielleicht ein unterschiedliches Verständnis von Gerechtigkeit, aber wir sind uns einig über die Identität des Königs, der „zeigt, dass er ein heiliger und gerechter Gott ist" (Jesaja 5,16). Gemeinsam wollen wir ihn willkommen heißen, wenn er nach Zion zurückkehrt.

Philip D. Ben-Shmuel,
Student in den Fächern Bibelwissenschaft und vergleichende Religionswissenschaft an der Hebräischen Universität in Jerusalem

Phasen der Versöhnung

Die Geschichten in diesem Buch wollen zum Nachdenken anregen. Nicht nur über die Arbeit von Musalaha,
sondern auch über die Wege, die die Teilnehmer in ihrem
Leben gehen. Indem die Geschichten Gestalt annehmen,
wird mir klar, dass es einen gewaltigen Unterschied gibt
zwischen den Geschichten der Palästinenser und denen
der Israelis. Das liegt meiner Meinung nach daran, dass
wir in unterschiedlichen Gesellschaften leben, mit eigen-
ständigen Kulturen und nicht vergleichbaren Lebens-
weisen.

Musalaha kämpft schon jahrelang um Anerkennung
in gläubigen Kreisen, sowohl unter Israelis als auch unter
Palästinensern. Man hat Musalaha sowohl vorgeworfen,
propalästinensisch als auch prozionistisch zu sein, aber
wir haben im Laufe der Zeit einen Sinneswandel erlebt.
Es war interessant, wie die Aussage „wir sind eins in
Christus, und in dieser Einheit gibt es keinen Konflikt",
in vielen Geschichten wie eine Art Leitmotiv aufgetaucht
ist. Wir sind eins in Christus, aber es gibt dennoch Probleme, die wir ansprechen müssen. Ich bin davon überzeugt, dass palästinensische und israelische Gläubige
versuchen, an diesem Motto festzuhalten, auch wenn
man es nur schwer annehmen kann. Wir versuchen zu
zeigen, dass wir in Christus eins sind, und diese Einheit
bringt die Leute zurück. Die Tatsache, dass Teilnehmer
von beiden Seiten immer wieder zurückkommen, ist der
beste Beweis für die Wirkung und den Fortschritt in den
Phasen der Versöhnung.

Die Phasen der Versöhnung bilden den Rahmen, in
dem Musalaha nach seiner Methode die Probleme im
Konflikt zwischen Israelis und Palästinensern anspricht.

In Phase eins geht es um den Aufbau von Beziehungen. Bei den Frauen ziehen sich die Teilnehmerinnen auf diese Basis zurück, wenn sich die nächsten Phasen schwierig gestalten. In Phase zwei geschieht eine Öffnung. Die Teilnehmer sprechen über ihre Nöte und bauen weiter gegenseitiges Vertrauen auf. Aber in der dritten Phase des Versöhnungsprozesses, der Phase des Rückzugs, werden die Leute mit der Versöhnung konfrontiert.

Die Leute beginnen ihren langen Weg der Versöhnung mit Gefühlen wie Nervosität, Begeisterung, Vorsicht, Zurückhaltung und Neugier. Aber dann begegnen dem oder der Einzelnen Nöte, mit denen er oder sie nicht umgehen kann. Deshalb werden die persönlichen Beziehungen distanzierter.

Doch das ist nicht das Ende. Schließlich kehren die Teilnehmer wieder zum Prozess der Versöhnung zurück, weil sie wissen, wie wichtig er ist. Dann beginnt die nächste Phase der Rückbesinnung auf ihre Identität. Sie fühlen sich dem Prozess der Versöhnung verpflichtet und machen weiter, auch wenn sie dabei Risiken eingehen. Und schließlich kommt es zum gemeinsamen Handeln, zum Bekennen, Vergeben und zum Versuch, Veränderung herbeizuführen.

Meiner Meinung nach veranschaulichen die Geschichten in diesem Buch den Prozess der Versöhnung, obwohl sie ihn nicht eindeutig darlegen. Auch wenn sich manche der Gesprächspartner von diesem Prozess zurückziehen, wollen sie ihn nicht ganz und gar ablehnen. Durch die Phasen des Prozesses wird Musalaha aktiver. Wenn die Nöte der Einzelnen offen angesprochen werden, wird uns bewusst, dass wir in Jesus Christus eins sind und es für uns entscheidend ist, diesen Weg weiterzugehen. Wir wissen, dass wir in diesem Prozess nicht allein sind, sondern dass wir Brüder und Schwestern haben, die bereit sind, uns weiterzuhelfen.

In den Geschichten der Israelis und Palästinenser kommt noch etwas Wichtiges zum Ausdruck: Wir sind nicht gleich. Die Tatsache, dass wir als Palästinenser durch eine Mauer von den anderen getrennt und unsere Familien auseinandergerissen sind, ist ein Beweis für diese Ungleichheit. Für Palästinenser ist die Mauer eine riesige Barriere, die uns räumlich spaltet. Deshalb verachten wir diese Barriere. In den Berichten wurde nur selten erwähnt und auch nicht genug betont, welches große Hindernis diese Mauer im Alltag von Palästinensern ist. Wenn ich an jedem Tag in meinem Leben auf diese Barriere schaue, erinnert mich der Ausblick an die Dinge, die uns voneinander trennen. Als Palästinenser leben wir unter einer militärischen Besatzung, die viel Leid und Not verursacht hat.

Das bringt mich zu einem weiteren Punkt. Eine Israelin erwähnt, wie eine Palästinenserin sie zu Hause in einer sogenannten Siedlung besucht hat. Ich möchte an dieser Stelle hervorheben, dass die Frage der Siedlungen für Palästinenser, auch für palästinensische Christen, nicht verhandelbar ist. Wir können uns nicht damit abfinden, dass Israelis in Siedlungen (auf palästinensischem Gebiet; d. Übers.) leben. Für uns ist das nicht in Ordnung. Wenn wir als Palästinenser unsere Glaubensgeschwister in Siedlungen besuchen, bedeutet das nicht, dass wir mit der Wahl ihres Wohnortes einverstanden sind. Unsere Besuche bei ihnen sind vielmehr ein Ausdruck der Liebe zu unseren Geschwistern.

Damit komme ich zu einem Punkt, der in den Geschichten zum Ausdruck kommt. Wenn sich beide Seiten begegnen, geschieht das von verschiedenen Standpunkten aus. Palästinenser treten in den Prozess der Versöhnung ein, weil sie sich nach Gerechtigkeit sehnen. Sie wünschen sich eine Entschuldigung für begangenes Unrecht. Zu Beginn des Prozesses erkennen sie jedoch, dass die Israelis sich mit dieser Position schwertun, weil sie von einem theologischen Standpunkt aus an die Versöhnung herangehen. Für Palästinenser vor einem Engagement bei Musalaha ist aber die Wahrnehmung von Israel geprägt von negativen Bildern, von Soldaten und Kontrollpunkten, von Frustration und Erniedrigung.

Bei der Arbeit von Musalaha und auch durch die Geschichten in diesem Buch können wir jedoch erkennen, dass viele unserer israelischen Glaubensgeschwister den Militärdienst nicht begeistert als Pflicht gegenüber dem Staat angenommen haben. Sie stehen den Grausamkeiten und Erniedrigungen, die wir als Palästinenser durch die Besatzung erlebt haben, genauso ablehnend gegenüber wie wir.

Während Palästinenser Gerechtigkeit fordern, sehen Israelis den Prozess der Versöhnung eher aus einer theologischen Perspektive. „Aber ich bin davon überzeugt, dass Israel eine göttliche Bestimmung hat und wir deshalb hier sein sollen. Das ist der Wille Gottes." Ich finde, Äußerungen wie diese dienen als Rechtfertigung für das unmoralische Handeln des Staates. Eine solche theologische Auffassung lehnen die meisten palästinensischen Christen ab.

Hier zeigt sich jedoch, dass beide Seiten irregeführt werden. Vielleicht liegt das an der Berichterstattung in den Medien, vielleicht auch an den in ihren Wohnorten oder Gemeinden vermittelten Sichtweisen. Deshalb ist die Arbeit von Musalaha so wichtig, auch wenn sie nicht leicht ist. Weil Musalaha auf viele Hindernisse stößt, wenn es um Versöhnung geht, bemüht man sich, auch kontroverse Themen anzusprechen. Zu den von Musalaha angesprochenen Hindernissen gehören Unversöhnlichkeit, Bitterkeit, Schuldzuweisung, Leugnung von Tatsachen, Neid, Hoffnungslosigkeit, Machtstreben, Hass, Ungerechtigkeit und Eifersucht, eine „Zwei-Fronten-Mentalität", Vorurteile, Groll und eine falsch verstandene Opferrolle. In Seminaren über diese Themen wird immer an die Verkündigung Jesu von Versöhnung, Liebe, Frieden und Toleranz erinnert.

Abschließend möchte ich noch einmal die Schlussworte von Pierre Tannous erwähnen: „Die Arbeit von Musalaha besteht nicht bloß darin, Leute zusammenzubringen, damit sie froh und glücklich sind … Musalaha will auch nicht beurteilen, welche Seite recht hat und welche nicht, sondern will nur versuchen, beide Seiten zur Offenheit für die andere Seite zu bewegen. Wenn jemand erzählt, dass er am Kontrollpunkt menschenunwürdig behandelt worden ist, kann man nicht sagen: ‚Nein, das stimmt nicht.' Und wenn ein anderer sagt, dass er in Panik geraten ist, als ein Selbstmordattentat passierte, kann man auch nicht sagen: ‚Nein, das stimmt nicht.' Israel ist da, und das ist eine geschichtliche Tatsache. Es gab und gibt Ungerechtigkeit, Menschen wird Wasser und Land weggenommen. Über solche Dinge sollten wir reden. Aber ich will dieses Israel nicht mit der Bibel in Verbindung bringen. Israel ist da, und es wird auch auf lange Sicht hier bleiben. Aber das ist nicht so, weil es in der Bibel steht. Wir sollten Leute von außerhalb an unseren Erfahrungen teilhaben lassen. Dann können sie selbst entscheiden, wo Recht und wo Unrecht ist."

Wir müssen bereit sein, den anderen zu suchen und die Hand auszustrecken, auch wenn es wehtut, denn wir sollten das Ziel nicht aus dem Auge verlieren. Weil Versöhnung ein langer Weg ist, bewegen wir uns mit unterschiedlicher Geschwindigkeit. Deshalb brauchen wir Geduld und Verständnis füreinander.

Shireen Hilal,
Dozentin am Bethlehem Bible College, Projektleiterin in der Frauenarbeit von Musalaha

Nachwort von Salim J. Munayer

Wenn ich über die Geschichten in diesem Buch nachdenke, dann beeindruckt mich vor allem der Mut der Erzähler. Wenn man sich für Versöhnung einsetzt, schwimmt man gegen den Strom, widersetzt sich Gruppenzwängen und begegnet einem bereits bekannten Feind. Keiner dieser Schritte ist leicht, und jeder von ihnen erfordert eine Menge Mut. Meine Eindrücke von der Lektüre der Geschichten und auch meine Anmerkungen über deren Inhalt sind im Zusammenhang mit dem großen Respekt zu sehen, den ich jedem Einzelnen entgegenbringe. Jeder von ihnen hat eine andere Herkunft und eine andere Sichtweise, und alle von ihnen sind auf eine unterschiedliche Art von dem Konflikt im Land betroffen.

Wir sollten den Einfluss eines langwierigen, gewaltsamen und unlösbaren Konflikts auf Einzelne nicht unterschätzen. Israelis und Palästinenser sind voneinander getrennt, räumlich, gefühlsmäßig und auch aus der Sicht des Glaubens. Weil ein gewaltiger gesellschaftlicher und politischer Druck sie weiter auseinanderdrängt, gibt es kaum einen Anreiz zur Versöhnung. In den letzten zwanzig Jahren seit der Gründung von Musalaha haben wir zwei Intifadas erlebt, mehrere Kriege und mehr politische Veränderungen, als ich zählen kann. Diese Geschehnisse haben die Aufgabe der Versöhnung erschwert, aber dennoch gibt es einen Fortschritt. Aus den Geschichten in diesem Buch geht hervor, dass durch die Arbeit von Musalaha echte Freundschaften zwischen Palästinensern und Israelis entstanden sind. Menschen von beiden Seiten haben sich zu dem schweren Weg zur Versöhnung verpflichtet. Durch diese Freundschaften haben sie voneinander lernen können. Jetzt sind sie in der Lage, gegen Vorurteile in ihrer eigenen Gesellschaft anzukämpfen und Unwissenheit mit Wissen zu begegnen. Innere Einstellungen haben sich geändert, und als Folge davon kommt es auch zu einem veränderten Verhalten.

Diese Entwicklung ist sehr positiv, und die Geschichten in diesem Buch bieten uns persönliche, sehr menschliche Beispiele von Israelis und Palästinensern. Diese Menschen haben die kulturelle, sprachliche und nationale Kluft überwunden und können deshalb als Vorbilder dienen für diejenigen, die diesen Schritt noch nicht gewagt haben. In den Berichten wird jedoch auch eine ganz bestimmte Problematik sichtbar, nämlich die Frage, was wir als Nächstes tun sollen. Wieder und wieder, in den Geschichten und auch bei den Veranstaltungen von Musalaha, an denen ich teilnehmen konnte, tauchen dieselben Fragen auf, bei den Israelis genauso wie bei den Palästinensern. Sie haben Freundschaft miteinander geschlossen, und jetzt fragen sie: „Wie geht es weiter?" Das ist eine wichtige Frage, aber leider gibt es darauf keine einfachen Antworten.

An der politischen Front sind viele Probleme zu berücksichtigen. Dazu gehört das Problem der Siedlungen, die Flüchtlingsfrage, die Frage nach den Grenzen und die Jerusalemfrage, um nur einige zu nennen. Aber weil es keinen Konsens über den Umgang mit diesen komplexen Problemen gibt, spricht man sie häufig gar nicht erst an. Freundschaft ist wichtig und entscheidend, wenn Versöhnung geschehen soll. Aber für manche unserer Teilnehmer sind die durch Musalaha entstandenen Freundschaften eher Hindernisse bei der Diskussion über umstrittene

Themen. Sie wollen keine kontroversen Gespräche, weil sie wissen, dass sie in manchen Fragen unterschiedlicher Meinung sind und vielleicht sogar darüber streiten könnten. Sie haben Angst, dass ihre Freundschaft darunter leiden könnte.

Obwohl wir Respekt voreinander haben und einen vorsätzlichen Zwiespalt vermeiden sollten, sollte unsere Freundschaft nicht im Weg stehen, wenn es um eine offene, ehrliche und (falls nötig) schmerzliche Diskussion über den Konflikt und die damit verbundenen Probleme geht. Im Gegenteil, *wegen* unserer Freundschaft sollten wir über diese Themen reden. Eine Freundschaft ermöglicht erst eine sinnvolle Diskussion, während ohne eine Freundschaft die Leute gar nicht erst zum Zuhören bereit sind. Wenn wir wirklich Geschwister in Jesus Christus sind, eine Gemeinde des Messias und eine Familie, dann sollten wir keine Angst vor Konfrontation haben. In Familien gibt es immer Streit, aber trotz allem bleiben sie eine Familie, weil sie vom Band der Liebe zusammengehalten werden.

Mir ist noch etwas aufgefallen, als ich die Geschichten gelesen habe, nämlich wie unterschiedlich die Herausforderungen sind, denen Israelis und Palästinenser begegnen. Die palästinensischen Gesprächspartner schienen den Schwerpunkt mehr auf die politische Lage zu legen, besonders auf die Situation der Besatzung. Ihre Geschichten sprechen über ihre täglichen Kämpfe, die Kontrollpunkte, die Siedlungen und ihren Kontakt zur Armee. Sie sind dankbar für ihre Freundschaften zu Israelis, aber für sie reicht diese Gemeinsamkeit nicht aus. Sie wollen eine Veränderung. Ihre Lage ist schlecht, und sie wollen Verbesserungen. Hinter diesen Gefühlen ist eine gewisse Dringlichkeit spürbar, besonders bei den Christen, denn ihre Lage ist noch schlimmer als die der muslimischen Palästinenser. Sie sind in zweifacher Hinsicht eine Minderheit, weil sie zwischen zwei Bevölkerungsmehrheiten leben, der jüdischen und der muslimischen. Die Tatsache, dass immer mehr palästinensische Christen das Land endgültig verlassen, ist ein Ausdruck dieser schweren Lage.

Für die messianisch-jüdischen Israelis ist die Wirkung dieser Begegnungen genauso groß, aber auf einer anderen Ebene. Für die meisten von ihnen scheint der Schwerpunkt eher auf der Theologie zu liegen, besonders auf dem Missverhältnis zwischen ihren theologischen Auffassungen über das Land Israel und die damit verknüpften Verheißungen und den Dingen, die sie von ihren palästinensischen Geschwistern sehen und hören. Dieses Problem entsteht aus ihrem ehrlichen Wunsch nach Freundschaft und Gemeinsamkeit mit ihren neuen palästinensischen Freunden und aus der Aufrichtigkeit ihrer Glaubensauffassungen und Überzeugungen. Aber was kann man tun, wenn beides nicht zusammenpasst? Viele von ihnen haben unglaublich viel Zeit und Energie, ja ein ganzes Leben, investiert, weil sie glauben, Israel als Heimstätte für das jüdische Volk unterstützen zu müssen. Für manche von ihnen war diese theologische Überzeugung der Beweggrund ihrer Einwanderung nach Israel. Deshalb kann es auf solche Menschen bedrohlich und verständlicherweise traumatisch wirken, wenn diese Überzeugung infrage gestellt wird. Aber sie werden sich zunehmend der Tatsache bewusst, dass sie auch die Palästinenser berücksichtigen müssen und ihre Theologie auch Raum schaffen muss für die palästinensischen Christen.

Offenbar gibt es auf beiden Seiten eine Menge

Schmerz und verletzte Gefühle, und beide sehnen sich nach einem Ende des Konflikts. Trotzdem spürt man bei der Lektüre ihrer Geschichten, dass diese Sehnsucht für die Palästinenser ein dringlicheres Problem ist. Das wäre auch eine Erklärung, warum die Palästinenser eher auf eine Auseinandersetzung mit den schwierigen und strittigen Fragen drängen. Oft kommen sie zu den Treffen mit einer langen Liste von Nöten. Sie versuchen, in dem Ungleichgewicht der Kräfte ein Gegengewicht zu schaffen, denn in der politischen und wirtschaftlichen Sphäre wird Israel meistens begünstigt. Hier liegt aber auch die Erklärung, warum viele Israelis diese Treffen mit Schuldgefühlen beladen verlassen. Sie fühlen sich, als ob man sie eines großen Verbrechens beschuldigt hätte. Sie haben den Eindruck, dass man ihnen persönlich die Schuld gibt an dem Leid, das Palästinenser ertragen müssen. Das ist natürlich nicht leicht für die Israelis. An diesem Punkt treten manche von ihnen den Rückzug an, weil sie nicht einsehen, warum sie sich weiter mit Palästinensern treffen und sich diese Schuldgefühle einreden lassen sollen. Die Schwierigkeiten enden hier jedoch nicht. Selbst wenn die Israelis sich weiter für Versöhnung engagieren und auch das Ungleichgewicht der Kräfte ansprechen wollen, stoßen sie auf Widerstand bei den Palästinensern, die nicht daran interessiert sind, Almosen oder Spenden zu empfangen, sondern Veränderungen an der politischen Front erleben wollen.

Das Thema „Gerechtigkeit" kommt in den Geschichten immer wieder vor, besonders bei den palästinensischen Erzählern. Für uns ist Gerechtigkeit schon immer ein wichtiger Aspekt der Versöhnung gewesen, aber erst in letzter Zeit versuchen wir, dieses Thema direkter anzusprechen. Momentan entwirft Musalaha einen Lehrplan für Seminare über Versöhnung, in denen das Thema Gerechtigkeit ausführlich behandelt werden soll. Darüber hinaus entwickeln wir eine Theologie der Versöhnung, in die wir den Begriff der Gerechtigkeit genauso einbeziehen wollen wie die Barmherzigkeit, den Frieden und die Liebe sowie den Ruf nach Gerechtigkeit im Zusammenhang mit dem, was Jesus am Kreuz für uns getan hat. Die Geschichten in diesem Buch motivieren uns, weil sie von beiden Seiten auf die problematischen Themen hinweisen.

In den letzten Jahren stellt sich uns eine weitere Herausforderung durch eine zunehmende Radikalisierung unter den verschiedenen, am Konflikt beteiligten religiösen Gruppierungen. In beiden Lagern hat die Religion in gewisser Hinsicht den Platz des Nationalismus eingenommen. Unter den Anhängern eines religiösen Radikalismus gibt es die Tendenz zu einer kompromisslosen Sprache mit absoluten Maximen. Diese Radikalisierung auf beiden Seiten ist auch zu einem bedeutenden Sperrfaktor für eine breiter angelegte Versöhnung geworden. So könnte zum Beispiel ein Palästinenser sagen: „Ich habe kein Problem mit meinem israelischen Glaubensbruder. Bei den Treffen von Musalaha haben wir Gemeinschaft miteinander. Aber wie kann es Frieden geben, wenn die Siedler uns weiter das Land stehlen?" Israelis könnten wiederum sagen: „Ich bin dankbar für die Freundschaft zu unseren palästinensischen Geschwistern, aber der Konflikt wird nie ein Ende nehmen, wenn ihre Anführer nicht bereit sind, dem Islamismus und dem Terrorismus eine Absage zu erteilen."

Auf der Gefühlsebene neigen die Israelis eher dazu, aus Angst heraus zu agieren, die Palästinenser dagegen aus Wut. Für die Israelis ist es einerseits die Angst vor

Terroranschlägen und Gewaltakten, die die israelische Gesellschaft seit der Staatsgründung bis heute quälen. Andererseits ist es die Angst vor einem Wiederaufleben der Vertreibungen, der Pogrome und der Völkermorde, die das jüdische Volk im Verlauf seiner langen Geschichte erleiden musste. Die Wut der Palästinenser hat ebenfalls zwei Seiten. Erstens ist es die Wut auf das Erleiden eines traumatischen und zerstörerischen Schlages, auf die Entwurzelung und Zerstörung einer ganzen Gesellschaft und einer Lebensweise. Es ist die Wut auf eine lange Geschichte erlittener Misshandlungen und Ungerechtigkeiten und auf die fehlende Möglichkeit, diese unterdrückte Wut zum Ausdruck zu bringen. Zweitens ist es die Wut, die aus der Beobachtung der aktuellen Lage entsteht, weil es so aussieht, als ob sich nichts geändert habe.

Diese beiden Gefühle sind immer deutlich zu erkennen, wenn man einer Gruppe von Pilgern aus den USA oder aus Europa begegnet. Ihr Verhalten und ihre Einstellung verraten dem Beobachter sofort, mit wem sie ihre Zeit verbracht haben. Wenn sie wie besessen sind von dem Gedanken an Sicherheit und fast paranoid, wenn es um den radikalen Islam geht, waren sie bestimmt mit Israelis zusammen. Wenn sie jedoch entrüstet und verärgert sind über die Unterstützung, die ihre Heimatländer Israel zukommen lassen, und „die Mauer" erwähnen, dann haben sie höchstwahrscheinlich Palästinensern einen Besuch abgestattet. Angst und Wut sind zwei vollkommen natürliche Gefühle, aber sie können zerstörerisch wirken, wenn man sie bis zum Äußersten treibt.

Die Lektüre der Geschichten in diesem Buch ist für mich ernüchternd gewesen, besonders in meiner Funktion als Leiter von Musalaha. Ich fühle mich herausgefordert durch die Worte von manchen Teilnehmern, auch durch die in den Betrachtungen geäußerten Gedanken. Es ist klar, dass wir noch viel Arbeit vor uns haben. Unsere Reise ist noch lange nicht zu Ende. Es gibt jedoch auch ein sehr klar erkennbares Zeichen von Hoffnung in diesen Geschichten. Das hat mir sehr viel Mut gemacht. Kürzlich haben wir eine Frauenkonferenz über die *Nakba* und die *Schoah* (den Holocaust) veranstaltet. Es war eine sehr intensive Konferenz. Für viele Frauen war die Veranstaltung ein herausforderndes und aufwühlendes Erlebnis. Wir ernteten eine Menge Kritik, weil wir es gewagt haben, dieses Thema zu behandeln, und wir mussten unsere Strategie ernsthaft überdenken. Aber als ich dann diese Geschichten las, erwähnten viele Frauen, wie wichtig diese Konferenz für sie war. Obwohl die Themen sie aufgewühlt haben, ist ihnen im Laufe der Zeit die große Bedeutung des Konferenzthemas bewusst geworden. Dieses Erlebnis haben sie nicht vergessen. Obwohl ihre Reaktion heftig war und die Freundschaften der Frauen auf dem Prüfstand waren, haben sie diese Erfahrung überlebt, und ihre Freundschaften bestehen ebenfalls weiter.

Das bedeutet nicht, dass die Frauen mit allem einverstanden gewesen waren, was sie hörten, aber sie waren in der Lage, offen darüber zu reden. Das ist das Wesen der Versöhnung, wenn man dem anderen, dem Feind, in Liebe begegnet, denn: „Wer nicht liebt, der kennt Gott nicht; denn Gott ist die Liebe ... Wenn jemand spricht: Ich liebe Gott, und hasst seinen Bruder, der ist ein Lügner. Denn wer seinen Bruder nicht liebt, den er sieht, der kann nicht Gott lieben, den er nicht sieht. Und dies Gebot haben wir von ihm, dass, wer Gott liebt, dass der auch seinen Bruder liebe" (1. Johannes 4,8.20-21).

Für mich war es inspirierend, diese Geschichten zu lesen und mich den Erzählern auf ihrem Weg der Versöhnung anzuschließen. Es ist ein schmaler Weg, und er ist nicht leicht zu gehen, aber am Ende führt er zur Heilung. Alle anderen Wege führen zur Zerstörung. Deshalb laden wir auch andere ein, mit uns gemeinsam diesen Weg zur Versöhnung zu gehen.

Salim J. Munayer,
ehemaliger Dekan und Dozent am Bethlehem Bible College, Mitgründer und Direktor von Musalaha

Bruder Andrew und Al Janssen

Verräter ihres Glaubens

Das gefährliche Leben von
Muslimen, die Christen wurden

416 Seiten, Taschenbuch
ISBN 978-3-7655-4019-6

Ahmed war von Jesus so fasziniert, dass er in der Moschee öffentlich eine sehr gefährliche Frage stellte. Den
anschließenden Schlägen und Misshandlungen seiner
Familie konnte er nach einigen Tagen entkommen. Doch
wohin jetzt? Er musste untertauchen.

Bald trifft er Mustafa. Dieser gehört zur örtlichen
Muslimbruderschaft. Ahmed traut seinen Ohren nicht,
als Mustafa ihm von seiner Sehnsucht erzählt, die die
Evangelien in ihm ausgelöst haben. Im Auftrag seiner
islamistischen Gruppe sollte Mustafa eine Streitschrift
schreiben, welche die Fehler des Neuen Testaments dar-
stellt und die Gültigkeit des Korans betont. Das konnte
er nicht tun, ohne die Evangelien vorher zu lesen, meinte
Mustafa. Noch mehr junge Männer und Frauen stoßen
in kurzer Zeit zu ihnen – sie alle müssen untertauchen,
brauchen eine Bleibe, etwas zu essen und Arbeit. Vorsichtig suchen sie nach einem Ausweg …

BRUNNEN VERLAG GIESSEN
www.brunnen-verlag.de

Bruder Andrew und Al Janssen

Licht zwischen den Fronten

Neues vom „Schmuggler Gottes"

384 Seiten, Taschenbuch
mit s/w-Fotos
ISBN 978-3-7655-3898-8

Er sitzt bei Freunden in der Wohnung, während draußen Granaten fliegen. Er trifft sich heimlich mit Vertretern von Hamas und PLO, um mit ihnen über den einzigen Weg zum Frieden zu sprechen, den er kennt. Er war schon immer ein Mann ungewöhnlicher Wege: Bruder Andrew. Unbemerkt von der Öffentlichkeit knüpft er seit Jahren im Nahen Osten Kontakte: zunächst zu arabischen Pastoren und Christen wie auch messianischen Juden, dann auch zur Hamas und zur PLO. Er baut tiefe Freundschaften zu Menschen, von denen er hier erzählt.

Wer aus christlicher Sicht erfahren will, wie es bei der Hamas hinter den Kulissen aussieht, wer verstehen will, was Menschen im Nahen Osten antreibt und welche Hoffnung es für sie gibt – hier sind authentische Erfahrungen aus erster Hand! Von einem, den die Leidenschaft für Menschen und für Gott in Bewegung setzt. Der nicht anklagt, sondern Liebe und Hoffnung weitergibt.

BRUNNEN VERLAG GIESSEN
www.brunnen-verlag.de

Ram Oren

Für dich habe ich es gewagt

Ein Kind, ein Versprechen
und eine dramatische Rettung

352 Seiten, Gebunden
ISBN 978-3-7655-1767-9

1938 kommt sie als Kinderfrau in eine reiche jüdische
Familie nach Warschau. Michael, das einzige Kind, ist
zwei Jahre alt. Schnell gewinnt sie den Jungen lieb wie
ein eigenes Kind. Als die deutschen Truppen ein Jahr später Polen überfallen, beginnt eine dramatische Geschichte von Liebe, Angst, Tod und Hoffnung. Gertruda, die
Kinderfrau, wird für Mutter und Sohn zur Rettung, als
sie ins litauische Wilna fliehen müssen. Doch dort stirbt
die Mutter bald. Auf dem Sterbebett lässt sie die Kinderfrau schwören, dass sie Michael wie ihren eigenen
Sohn beschützen und nach dem Krieg nach Israel bringen
wird. Als die Deutschen auch Litauen besetzen, muss sie
Michael verstecken. Jetzt ist auch sie in ständiger Gefahr.
Unter großen Entbehrungen überleben sie und der Junge
diese Zeit. Nach Kriegsende brechen sie gemeinsam nach
Israel auf, erleben die dramatische Fahrt auf der berühm-
ten „Exodus" und finden in dem Land eine neue Heimat.

BRUNNEN VERLAG GIESSEN
www.brunnen-verlag.de